안녕하세요^^*
저자 He.서하진입니다.
이미 순수의 아날로그 시대는 사라졌습니다.
지구의 환경은 파괴 되었고 기후는 위기 상태입니다.
파괴의 시대에 사피엔스는 자연환경의 위급한
상태를 망각한 채 욕망을 위해 달리고 있습니다.
자본주의 경제론을 바탕으로 돈이 최고인 시대에 제테크의
노예로 살고 있습니다.
구원자 AI는 인류에게 신의 존재가 되어 있습니다.
더 이상 태초의 자연 숭배는 사피엔스 관념에서 사라졌습니다.

인 사 글

사라진 꿀벌은
다시 돌아오지
않습니다.
바다 속 산호도
더 이상..
꽃 피우지 않습니다.
사피엔스에 의한
종의 멸종은
종의 진화를
멈추게 합니다.
그리고
사피엔스들의
눈은..
더 이상 순수하고
맑지 않습니다.

앞으로 올 양자 컴퓨터의 진화는 인간을 외적으론
더 풍유롭게 하지만 내적인 정신세계는 더 파괴될 것입니다.
사피엔스를 꿰뚫다 이 책은 사주팔자 명리학,역학을
기반으로한 만세력으로 보는 점성술을 이야기하고 있지만
더 나아가 인류에 대한 분석과 분류에 대한 이야기입니다.
과학의 발전은 인간의 정신병을 가속화하고 삶을 더 크게
파괴할 것입니다. 만세력은 단순 점성술을 분석한 학문이
아닌 정신학.심리학.인류학 분야까지 다룰 수 있는 위대한
학문 분야입니다. 절기와 오행이라는 자연현상을 기반으로 한
우리 선조들의 지혜이며 자연에 대한 숭배입니다. 자연주의
사상의 근본이 되는 절대적이고 과학적인 인문학 아니 인류학
더 나아가 사피엔스들의 과거와 현재 미래를 이야기 합니다,
본문에 유명인의 사주풀이는 실제 년,월,일,시와 다를 수 있음을
참고 바랍니다. 혹! 이 책을 보시고 실제 사주를 알려주시며
더 자세히 상담해 드리겠습니다. 감사합니다^^*
(사주풀이,사주상담은 개인의 종교와 무관한 이성적인 지혜입니다)

안녕하세요^^*
He.서하진입니다.
어린 시절은 깊고 깊은
산골에서 나고 자라면서
계절의 변화를 온 몸으로
느끼는 찬란한 나날 이었습니다.
봄의 알람 개구리 우는 소리..
산새들의 베토벤 합창곡..
산나물과 더덕향,도라지꽃등
가을! 버섯,잣,호두..
푸르른 식물과 꽃들의
자연 패션쇼가 있는 가을 단풍들..
빨래터에 잎 하나 잎 둘 배를 타고
가을이 물을 들이고 있었습니다.
그리고 여름!
한 여름밤에 수 많은 은하수
별들과 귀를 울리는 풀벌레 소리
모기향에 반짝이는 반딧불..
그리고 겨울!
하얀눈,함박눈 그리고
투명한 고드름에 산에 핀 눈꽃들
수없이 수많은 아름다운 그 곳
자연의 품에서 자라났습니다.
.

자연주의는 제 인생입니다.
멀티 하이브리드 자연주의
M.H 자연주의
.
.
-현대 사주 연구가
-자연주의 셰프
-아쿠아 스케이프
-가드너
-플로리스트
-수경재배 전문가
-자연주의 환경 연구가
-기후위기 연구가
-자연주의 농업 멘토
-자연주의 건축 전문가
-사주 정심학 연구가
-시인
-작사가
-신창작 문학 연구가
-보컬리스트
-멀티 미술 연구가
-칼럼리스트
-인류 분류학 연구가
-식량문제 연구가
-사피엔스 연구가
..등등
자연주의에 대한 모든 분야에
관심을 가지는 한 사람입니다.
감사합니다^^*
(자연주의 상담 : 010.4173.4920)

서 시

심장을 파고드는 파릇한
추위에도 웃었습니다.

대지를 지글지글 태우는
더위에도 희망을 꿈꾸었습니다.

미흡한 저를 용서하소서
교만한 저를 용서하소서
우주를 꿈꾸는 저를 용서하소서

새싹을 보고 춤췄고 꽃을 보며 노래 했습니다.

환희의 축제로 물든 저를 용서하소서

이젠
인간으로 태어난 저를 용서하지 말아주소서

자연
그 곳으로 가는 그 길에서 무릎 꿇고 깨닫는
그 간절한 마음만 받아주소서

나의 마음이 마법되어 자연을 구하겠다는
그 약속만 받아주소서

He.서하진

He.서하진의 **한줄 에세이..**

정조. 이산이 말하다

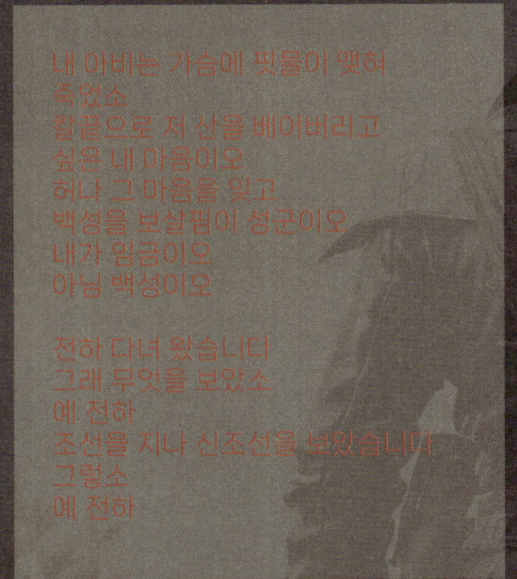

내 아비는 가슴에 핏물이 맺혀
죽었소
칼춤으로 저 산을 베어버리고
싶은 내 마음이오
허나 그 마음을 잊고
백성을 보살핌이 성군이오
내가 임금이오
아님 백성이오

전하 다녀 왔습니다
그래 무엇을 보았소
예 전하
조선을 지나 신조선을 보았습니다
그렇소
예 전하

서기 1752년 9월 22일 축시

편관	일간	상관	정재
乙	己	庚	壬
丑	卯	戌	申
비견	편관	겁재	상관

정조대왕님은
월간 경금과 년지 신금이 지장간에
경금이 천간에 투간되어 지지에
뿌리를 내린 금의 **강한 상간격**의
사주로 무인의 사주입니다.
왕권을 노리는 자리들로부터 자신을
지키내기에 아주 좋은 사주입니다,
그리고 태어난 년에 임수와 금생수로
상관 생재가 강한 구조로 목표를
이루는 힘이 강한 형국으로 상관의
개혁가적인 사주로 태어났습니다.
월지 술토는 지장간에 무토가 일간
으로 투간된 힘이 강한 술토 겁재가
상관에 힘을 실어주는 구조로
더 강력한 상관의 힘을 가지며
겁재의 경쟁자들을 상관으로 이기는
사주 구조입니다.

기묘일주는 초원의 **부지런한 토끼**를
형상하는 일주로 묘목 편관이 축시
천간에 을목과 통근하여 강력한
편관격 왕이 되는 형국입니다.

오랑캐가 조선을 지배하는 것도
보았습니다
조선이 둘로 나누어져 전쟁하는
모습도 보았습니다
아 그렇소
예 전하

한 임금은 굶주린 백성을 배불리
먹이는 모습도 보았고 다른 임금은
백성의 임금이 되어야 한다고
말하는 것도 들었습니다
그렇소
예 전하
내가 임금이오 아님 백성이오
전하 무슨 말씀이십니까

백성이 임금이 되려 해서도 안되고
임금이 임금만 되어서도 안되고
백성의 임금을 모를때 태평성대이고
임금은 백성처럼 살아야 하오
예 전하 성군이 강국 하옵니다

He.서하진

He.서하진의 **한줄 에세이**..

M.H 자 연 주 의
(멀티 하이브리드 자연주의)

사주팔자, 심리학, 범죄심리, 정신학, 사주정심학
인문학, 종교, 철학, 인류학, 과학, 지구환경, 기후위기

사피엔스를 꿰뚫다

도서출판 디자인을 그리다
He.서하진 지음

CONTENTS

CONTENTS

CONTENTS

CONTENTS

He.서하진의 한줄에세이 페이지 찾기

(페이지 표기가 안된 쪽은 앞뒤 페이지로 유추해 보세요)

책 속에 책
He.서하진의 한줄 에세이는
다양한 주제의 글들을
페이지 별로
구성된 창작글 입니다.
인류 사피엔스에 대한 이야기부터
역사속 인물과 현재 유명인들의
사주풀이로 사피엔스를 탐구하고
연구하는 내용들입니다.
한 개인의 인생에서 인류 전체의 운명에
대한 고민과 통찰입니다.

He.서하진의
한줄 에세이

He.서하진의
한줄 에세이

He.서하진의
한줄 에세이

He.서하진의 아트 칼럼 Book 페이지 찾기

(페이지 표기가 안된 쪽은 앞뒤 페이지로 유추해 보세요)

서기 2175년
이 장미꽃은
200년 과거의
지구인이
나에게 주었다.

지구인의
번식방법은
다소 매력적이었다.
LOVE

내가
지구인에게
마지막으로
주입한
DNA는
사피엔스가 아니다.

세종대왕 **이도**

바람은 차갑고 마음은 얼어붙어
갈 곳이 없네

태양은 하나인데 달빛은 두 곳을
찬란하게 비추고 있네

늦 가을 서리에 울부짖는 소리는
내 백성이오 내 마음이네

손 끝에 붓대는 멋스러우나
내 것이 아니네

나 이도 달빛에 태양을 갈아 넣어
문자로 세상을 밝히노라

He.서하진

나 이도 달빛에 태양을 갈아 넣어
문자로 세상을 밝히노라···

서기 1397년 음력 4월 10일 진시
이도 세상에 태어나다

식신	일간	상관	정재
甲	壬	乙	丁
辰	辰	巳	丑
편관	편관	편재	정관

세종대왕님 사주는 일지 편관에 년지 정관인
관성의 **대의적인 명예** 사주입니다.
그리고 월간이 을목 상관 정화,사화를 생하여
상관 생재하는 사주로 상관의 **개혁가**이며
일간 임수와 생하는 수생목의 상관이 힘을
받는 사주 구조입니다.
이 사주는 **무인성** 사주로 육친인 가족과의
인연이 깊지 않고 **독립적인 삶**을 사는 팔자
입니다.

측은지심 애민

정인   편인

세종대왕님 사주의 인성은 지장간에 있습니다.
년주 지장간에 신금 정인이 있고
월주 지장간에 경금 편인이 있습니다.
그리고 대운의 흐름에서 가장 전성기 시절에
해당되는 33세 신축 대운과 43세 경자 대운에
금의 인성이 강하게 작용합니다.
이는 무인성 사주가 지장간에 금의 인성과
대운에서 20년간 인성이 흐르면서 백성에
대한 애민이 강해진 이유입니다. 상관의
호기심이 재성의 열정으로 성하고 인성의
측은지심으로 많은 업적을 남겼습니다.

He.서하진의
아트 칼럼 Book

영의정 서하진 이옵니다 드시오 예 전하 묻겠소 임금은 하나인데 어찌 백성이 둘이란 말이오
예 전하 아뢰옵니다
원래 조선에 백성이 있사옵고 백성이 임금이 되려 하는 자들이 있는데 임금은 그 자들을 이용해
임금이 임금만 되려고 하고 있사옵니다 이는 백성을 속이는 자들로 임금과 한 무리가 되어
원래 조선의 백성을 음해 하려 하고 그 들만의 세상을 만들려고 하는 악의 무리들입니다.

CHAPTER
01

핵심 포인트 사주학 개론

사주팔자란?

사주팔자란? 태어난 년, 월, 일, 시 입니다.
전세계 모든 사람은 4가지 시간을 가지고 태어납니다.
예외 없이 태어남과 동시에 바코드처럼 정해집니다.
4가지 운이 년운, 월운, 일운, 시운입니다.
여기에 하늘의 천간과 땅의 지지를 명하는 10간 12지의 간지 기둥이 배열됩니다.
이 기둥이 60개가 있고 60갑자라고 합니다.

柱 **기둥 주**   4개의 주가 사주고 8개 글자가 팔자입니다.

甲 **천간**   천간은 하늘이고

子 **지지**   지지는 땅입니다.

60갑자는 갑자로 시작합니다. 그래서 60갑자라고 부릅니다.

일주	일주	월주	년주
甲	戊	甲	乙
寅	子	甲	卯

생년이 년주이고 생월이 월주이고 생일이 일주이며 생시가 시주입니다.
을묘년, 갑신월, 무자일, 갑인시입니다.
사주팔자에서는 생일인 일주가 중요합니다.
을묘생 토끼띠 보다는 생일인 무자일주가 중요합니다.

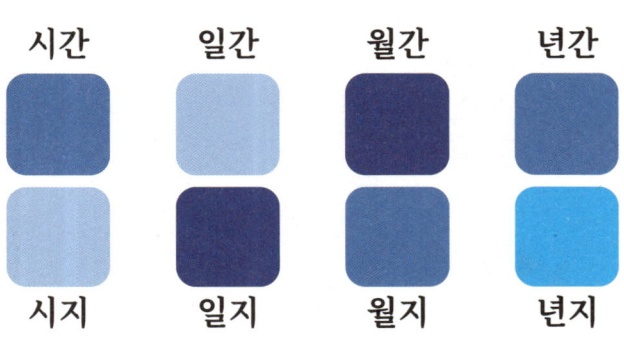

시간	일간	월간	년간
시지	일지	월지	년지

천간, 지지 별로 년간, 월간, 일간, 시간
년지, 월지, 일지, 시지로 부릅니다.

만세력이란?

정조 6년 1782년

만세력은 사주팔자를 보기 위한 달력으로 60갑자로 구성되어 있습니다.
조선 정조 6년 1782년에 관상감에서 편찬한 역서로 10년 마다 다시 10년씩 역을 추가
보충한 것으로 1777년부터 100년간의 역을 계산하여 편찬 하였습니다.
영조 48년 1772년에 간행한 "칠정백중력"을 이은 것입니다. 처음에는 천세력으로
부르다가 1904년 고종때에 만세력으로 고쳐 발간 하였습니다.

만세력 이란?
달력입니다.
인간 운명 달력입니다.
미래운이 강합니다.
대한민국 만세력이 훌륭합니다.
과학적인 인간 운명 시스템입니다.
운명론, 인문학, 철학, 종교, 과학..등 토탈 시스템입니다.

He.서하진의
아트 칼럼 Book

시간은 없다

오늘을 사는 것은 거짓이다.
내일을 기다리는 것 또한
산 자의 착각이다.
시간은 없다.
그래서
사피엔스도 존재하지 않는다.

He.서하진

CHAPTER
02

사주 기초

금여록

년주에 금여록은 조상에 받을 유산이 있고 월주에 오면 직장에서 재물운이 좋고 일주는 배우자나 일생에 횡재수가 오는 팔자입니다. 시주에 금여가 오면 말년 재물복이 좋고 자식복이 좋게 옵니다.

금여록은 쇠 금자에 수레 여자에 복 록자로 황금 수레를 타고 다닐 정도의 재물을 받는다는 의미입니다.

배우 송혜교

배우 송혜교님은 갑진 일주로 일지가 진토 편재이고 양일간에 진토가 오면서 금여록이 사주 팔자에 있는 재물 사주입니다.

양일간:진.술.축.미
음일간:인.신.사.해

금여록 생성 조건은 양일간은 진술축미이고 음일간은 인신사해가 일지에 오면 금여록이 생성됩니다. 양일간은 12운성으로 쇠지가 오고 음일간은 목욕지가 오게 됩니다.

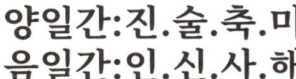

황금수레사주

일간   정재

편재

이 사주는 월간이 기토 정재이고 일지가 진토 편재로 같은 토 오행의 뿌리를 둔 사주입니다. 송혜교님은 25년 현재 갑진대운에 편재의 금여록이 중첩 되어서 오는 운으로 큰 재물이 크게 움직이는 시기 입니다. 대운이 바뀌어 길운이 오는 시기입니다.

화 오행을 식상으로 쓰는 사주로 앞으로 대운이 식상의 기운이 용신이 되면서 배우로서 일취월장하는 길운이 옵니다.

2032년 임자년 신금,묘목 글자를 가진 인연이 오며 나를 생하는 귀인이 남자로 오게 됩니다.

신약, 신강

간여지동 일주

아래위 색상이 같은 간여지동 일주는 신강한 일주로 지장간에 일간이 비견으로 오게 됩니다.
일간 내가 일지에 뿌리를 두고 있기 때문에 일간 내가 힘이 강해지는 것입니다.

일간   월간

일지   비견(월지)

월지 대각선 뿌리

일간의 뿌리가 월지에 오면 신강한 일간 입니다.
월지는 직업 영역의 핵심 자리에 일간이 힘을 받으면 신강한 일간이 됩니다.

신강.신약은 비견의 존재 여부

일간(나)

편인
癸 식신
辛 비견
근 편인

지장간에 일간이 존재할때 신강한 일주

지장간에 일간이 비견으로 존재할 때 일간이 힘을 받게 됩니다.
지장간에 일간이 있고 같은 음양이면 투간 되어서 일간이 강해져서 힘을 받게 됩니다.

신약한 일주는 신강한 일주를 아닌 경우 신약한 일주가 됩니다.
일간이 비견으로 일지, 월지, 지장간에 존재하지 않으면
힘을 빼기 때문에 신약 사주가 됩니다.

오행

오행은 나무 심기 놀이이고
과수원이다.

목	화	토	금	수

나무를 땅에 심어서 물을 주고
태양으로 키워서 열매를 수확하여
팔아서 돈을 만드는 것이 오행이다.

자연주의 철학

사주 오행인 목.화.토.금.수는
농경사회에서 시작된 자연을
테마로 한 것입니다.
자연에서 중심인 나무가 주연이고
태양이 조연입니다. 그러나 나무는
땅에 뿌리를 내려야 하고 물을 먹고
자라야 합니다. 금은 씨앗으로 나무로
돌아가는 자연 순환입니다. 사주팔자는
자연으로 풀이하는 인생사입니다.

오

사피엔스를 꿰뚫다

호모
사프
엔스는
생각
하고
또
생각
하는
인성
이다

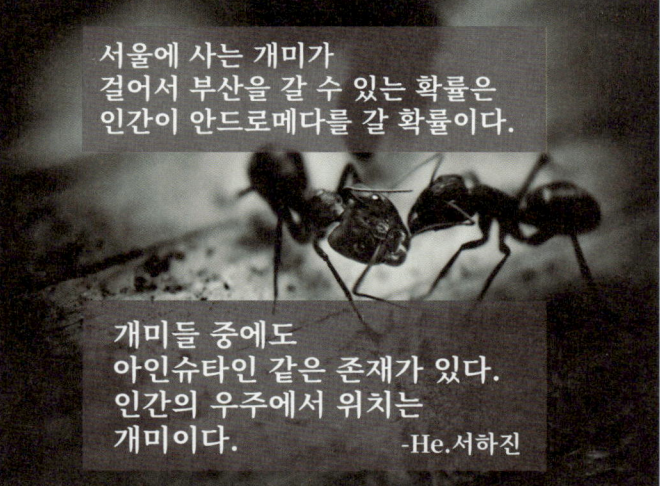

서울에 사는 개미가
걸어서 부산을 갈 수 있는 확률은
인간이 안드로메다를 갈 확률이다.

개미들 중에도
아인슈타인 같은 존재가 있다.
인간의 우주에서 위치는
개미이다.
-He.서하진

용신

사주에서 부족하거나 필요한 요소를 채워주는
역활을 용신이라 하며 대운이나 인연등으로
내 사주를 조율하는 역활을 합니다.

격국용신은 사주의 격을 세울때 필요한 용신이고
억부용신은 신약과 신강을 조율하는 용신이고
통관용신은 대립과 충돌을 막는 용신이며
조후용신은 오행의 한난조습을 조율하는 용신입니다.

격국용신   억부용신

통관용신

조후용신

용신은 내 사주 치료 처방제

사피엔스를 꿰뚫다

누구나! 사주팔자에서 부족하거나 넘치는
부분이 있습니다. 용신과 희신을 통해
개운을 하지만 대운이나 세운이 올때 스스로
운을 조정하면 되지만 힘들 수 있습니다.
가장 쉽고 이상적인 개운 방법은 새로운
인연을 만드는 것입니다. 유지해온 인연 보다는
새로운 인연에게 투자를 하시면 최선입니다.

노르웨이 숲

육.해.살.

육해살은
여섯 육에 해칠 해이며 6가지를 해친다는
신살입니다.
즉! 나, 부모, 형제, 배우자에게 흉운이 오는
가장 강력한 흉살입니다.

축오 육해살
가족간에 불화와 풍파가 생깁니다.

자미 육해살
부부간의 불화가 생깁니다.

인사 육해살
관재수가 생깁니다.

유술 육해살
질투심이 생겨서 불화가 생깁니다.

묘진 육해살
하는 일에 구설이 생깁니다.

신해 육해살
경쟁하여 해를 입는 일이 생깁니다.

노르웨이 숲

노르웨이 숲

육해살은 인복과 관련된 신살입니다.
12운성 사지에 놓여지면
죽음을 두려워 합니다.
사지, 절지, 묘지, 병지 육해살은
몸이 약한 분들이 많습니다.
육해살이 있으면
꿈이 잘 맞습니다.
영감과 육감이 좋습니다.
종교와 깊은 연이 있습니다.
두뇌 회전이 빠르고 총명합니다.

음양

사주에서 음,양은 음양을 이루는 글자가 분류되어 있고
남,여 기질과 성향과 운을 나타내고 있습니다.

甲	乙	丙	丁	戊	己	庚	辛	壬	癸
양	음	양	음	양	음	양	음	양	음

子	丑	寅	卯	辰	巳	午	未	申	酉	戌	亥
음	음	양	음	양	양	음	음	양	음	양	양

양팔통 사주는 사주 8글자가 양인 경우이고 기질이 강한 리더형으로 지기
싫어하는 성향으로 대인관계에 트러블이 많은 사주입니다.

음팔통 사주는 사주 8글자가 음인 경우이고 차분하고 내향적인 성향으로
상대에게 잘 맞혀주지만 소극적인 기질로 대인관게에 미흡한 사주입니다.

음·양의 조화

남,여의 사주에서 남자는 음을 지녀야 여복이 좋고 여자 사주
또한 양을 지녀야 남자복이 좋습니다. 특히! 음기가 강하면
건강상 운도 좋지 않습니다.

사피엔스를 꿰뚫다

동물친구들은
자연에 살고 있습니다.
단지.
인간이 자연에 도시를
만들었을 뿐이다.
주인 행세하는
건방진 사피엔스는
착각하는 시간속에
갇혀 있습니다.

-He.서하진

일주의 중요성

사주는 띠가 중요하지 않다 생일날 일주로 본다

일간(나)

천간 甲

지지 子

사주에서는 태어난 년에 띠가 중요하지 않습니다.
생일날인 일주가 70% 중요합니다.
일간(나)은 누구나 비견이 옵니다. 비견은 나입니다.
일주는 천간이 머리이고 지지가 손과 발입니다. 머리로 생각하고 손과 발로 행동합니다.

일주에 대한 특징과 해석이 일주론입니다. 60갑자가 있고 60가지 일주가 있습니다.
일주에는 일주를 나타내는 일주 동물과 물상이 있습니다.

일주론, 일주동물, 일주물상

일주는..

영어로

I(나)

일주는

I(영어)

나이다

일간

甲

子

정인

목욕(12운성)

갑자일주를 예를들면 일주 동물은 푸른 쥐입니다.
물상은 갑목의 숲속에 옹달샘이 있고 그 숲속을 다니는 푸른 쥐가 살고 있는 형상입니다. 수생목의 일주로 갑목은 비견이고 자수는 정인 입니다. 12운성 목욕지입니다.

甲

子

일주의 천간인 일간이 중요합니다.
일간을 중심으로 나머지 7글자가 해석됩니다.
갑자일주는 갑목 일간이라고 부릅니다.

사피엔스를 꿰뚫다

사주에서 일주가 중심이며
일주 내가 중요합니다. 명리의 가르침은
일주 내가 세상의 중심이고 나로 인해서 세상이
돌아갑니다. 자존감을 중요시 하는 학문이 사주 명리학
입니다. 그래서 일주인 생일날을 중심으로 나의 운을
보게 됩니다.

일주인 나를 중심으로
세상이 돌아 갑니다.
내가 세상의 중심입니다.

조후

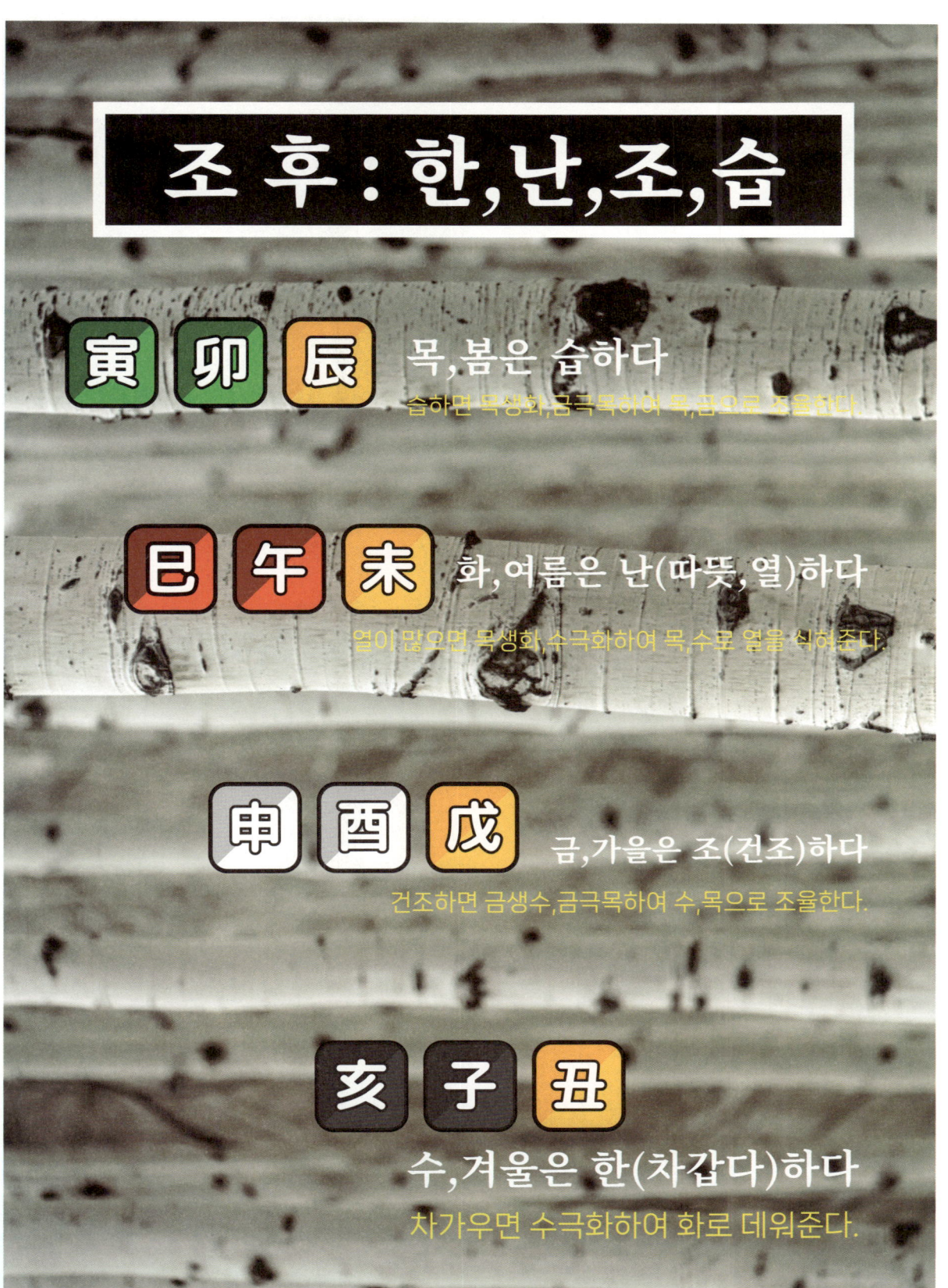

조후 : 한, 난, 조, 습

寅 卯 辰 목,봄은 습하다
습하면 목생화,금극목하여 목,금으로 조율한다.

巳 午 未 화,여름은 난(따뜻,열)하다
열이 많으면 목생화 수극화하여 목,수로 열을 식혀준다.

申 酉 戌 금,가을은 조(건조)하다
건조하면 금생수,금극목하여 수,목으로 조율한다.

亥 子 丑 수,겨울은 한(차갑다)하다
차가우면 수극화하여 화로 데워준다.

천살, 월살

천살, 월살이 오는 시기에 토의 기운으로 우울감이 동반됩니다.

대운이 바뀌기전 교체하는 운기에 천살, 월살이 세운으로 오게되며 12운성중 묘지, 쇠지가 동반되기도 합니다.

천살　하늘이 내리는 거역할 수 없는 흉살입니다.
일명 염라대왕살 이라고 하며 천재지변 사고수, 교통사고, 화재, 신체병..등
어려움에 처하는 강력하고 절대적인 흉살입니다.

해,묘,미-술토
인,오,술-축토
사,오,미-진토
신,자,진-미토

월살　달빛에 의존해서 길을 가야하는 흉살입니다.
일명 고초살로 고갈, 패배등의 기운으로 목표한 일을 달빛에 의존해서
해쳐 나가야 하는 상황을 초래하는 기운입니다.
방해하는 흉운이라고 해석됩니다.

해,묘,미-축토
인,오,술-진토
사,오,미-미토
신,자,진-술토

천살, 월살이 함께 동반되는 기운이며 진, 술, 축, 미의 토기운에 연관된 기운입니다.
토의 숨겨진 기운이 깨어나면서 흉한 기운이 드러나는 사주 흐름입니다.
사주 지지에 토가 많으면 천살,월살이 성립될 확률이 높습니다.
천살, 월살은 시련을 주고 이겨내면 복이 오는 형태로 테스트 한다는 개념으로
이해해도 좋습니다. 성공 사주에 반드시 동반되는 12신살로 결과적으로
좋은 시기가 찾아오게 됩니다. 더 큰 사람이 되라고 내리는 흉살입니다.

천을귀인

天 乙 貴 人
하늘 천　　　새 을　　　귀할 귀　　　사람 인

천을귀인:옥황상제의 은덕을 입고 하늘의 도움을 받는 것을 뜻합니다.
수 많은 별들 중 가장 존귀한 천을귀인성입니다.
선비와 같은 고결한 성품으로 인격적으로 훌륭한 사람이 많다.
청렴결백하여 관직에서 비리와는 거리가 먼 청백리와 같은 사람입니다.
인격이 좋고 총명하며 지혜롭습니다. 흉운이 오면 막아 주기도 합니다.

천을귀인 생성원리:일간에 따른 지지 글자

 천간
갑목　무토　경금　　을목　기토　　병화　정화　　　신금　　　임수　계수

지지
축토　미토　　신금　자수　　유금　해수　　인목　오화　　사화　묘목

편재

편재

빗물로 촛불을 끄는 사주
이 사주는 유명 여가수 사주로
천간에 정계충이 중첩되어서
계수 편관 남자 운이 불리한 삶입니다.

천을귀인 일주
정화 일간이 일지가 유금이 오면 천을귀인이 생성됩니다.
유금 편재를 2개 가진 사주로 편재의 재물이 천일귀인으로 프리미엄을
받는 사주입니다. 일주의 특징에 천을귀인이 오면 프리미엄 효과로
더 큰 복을 받게 됩니다. 천간의 흉운인 정계충도 천을귀인이 막아주고
있지만 중첩 운의 정계충으로 약하 시켜줄 수는 있지만 없애지는 못합니다.

태극귀인
태극귀인은 주목받는 사주로 일주가 신강하고
사주가 좋으면 최고의 위치에 갈 수 있는 사주입니다.
리더형의 신강한 사주들이 많습니다.

천덕귀인, 월덕귀인
천덕, 월덕귀인은 흉운을 막아주는 귀인살로 극단적인
사고의 흉운을 하늘이 막아주는 기운을 가진 사주입니다.

천을귀인
태극귀인은
반장,부반장
스타일
입니다.

37

사주기초

오행 한자 읽고 말하기
한자+오행으로 부릅니다

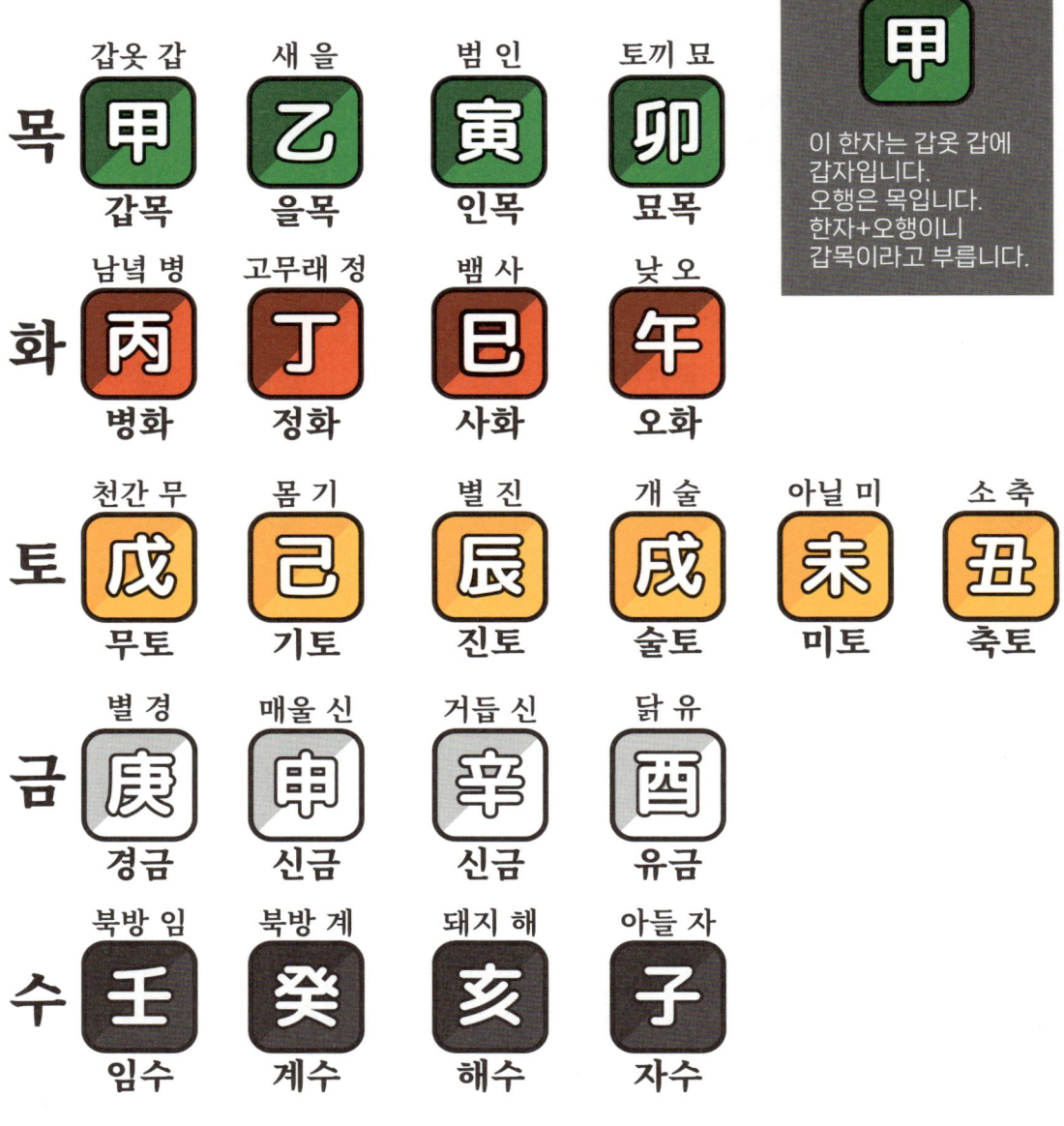

목	갑옷 갑 甲 갑목	새 을 乙 을목	범 인 寅 인목	토끼 묘 卯 묘목

甲

이 한자는 갑옷 갑에
갑자입니다.
오행은 목입니다.
한자+오행이니
갑목이라고 부릅니다.

| 화 | 남녘 병 丙 병화 | 고무래 정 丁 정화 | 뱀 사 巳 사화 | 낮 오 午 오화 |

| 토 | 천간 무 戊 무토 | 몸 기 己 기토 | 별 진 辰 진토 | 개 술 戌 술토 | 아닐 미 未 미토 | 소 축 丑 축토 |

| 금 | 별 경 庚 경금 | 매울 신 申 신금 | 거듭 신 辛 신금 | 닭 유 酉 유금 |

| 수 | 북방 임 壬 임수 | 북방 계 癸 계수 | 돼지 해 亥 해수 | 아들 자 子 자수 |

오행순서는 목, 화, 토, 금, 수로 부릅니다.

자수	축토	인목	묘목	진토	사화	오화	미토	신금	유금	술토	해수
쥐띠	소띠	범띠	토끼띠	용띠	뱀띠	말띠	양띠	원숭이띠	닭띠	개띠	돼지띠

화개살

가을 마녀..

화개살은 가을 마녀처럼 숨겨진 매력의
소유자입니다.

華 蓋
빛날화　덮을개

빛남을 덮다 뜻의
화개는
토의 정적인 기운
때문에
숨겨진 매력이지만
사실..화개를 가진
사람들중
화려한 모델들이 많습니다.

화개살···몸매미인

진　술　축　미

辰　戌　丑　未

토는 화개살 인자이며..
특히! 술토 개띠분들은
화개살의 주인입니다.

화개살이 뜨면 일단은 이성운으로 보시면 됩니다.
숨겨진 매력 발산 자체가 연애운이 시작되는 것입니다.

근(뿌리)

甲
갑목

寅
갑목

丙
병화

巳
사화

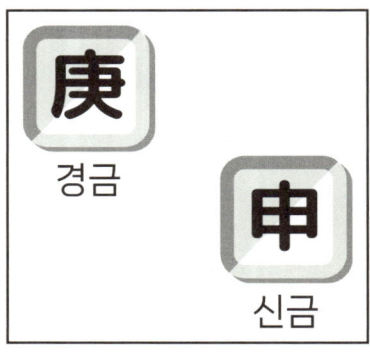

庚
경금

申
신금

壬
임수

亥
해수

戊
무토

辰
진토

戌
술토

근(뿌리)

천간, 지지
자기짝은
같은 오행
같은 십성
입니다.

천간엄마 지지자식

己
기토

未
미토

丑
축토

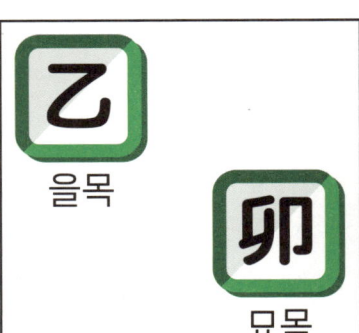

乙
을목

卯
묘목

丁
정화

午
오화

辛
신금

酉
유금

癸
계수

子
자수

근(뿌리)이 있는 사주는 **강력한 성공 사주**이며
유명 정치인, 기업인, 연예인에 **대각선 뿌리**가 있습니다.

도화살

일반적으로
오 도화가
제일 미인이고
유 도화는
피부미인 이다
도화살은
인기
매력
연애운
이다.
그리고
자, 오, 묘, 유는
왕지로
대장이다.

도화는
왕지이며
생지
묘지가
붙게되는
강력한
자석입니다.
도화가
2개 있으면
진도화이고
3개이면
월장 도화살로
담장을
넘어서
매력을
발산합니다.

도화살=년살
인기,매력,리더

자  섹시한 도화

오  화려한 도화

목욕
년살
년살

유금도화
피부미인

도화는
리더형

묘  순수한 도화

유  예민한 도화

목욕지와 년살이 쌍도화로 오는 운은
이성운이 강하게 흐릅니다.
대운 끝나는 운에 오면 육친과 이별수가 있습니다.

만세력에 년살로 표기되어 있으며 연애, 결혼운을 말합니다.
반대로 이별과 이혼운도 작용 됩니다.

신자진, 인오술, 해묘미, 사유축 삼합의 중간 글자 왕지가
도화살이며 대장 글자 입니다.

반안살·장성살

반안살

: 말 안장에 올라 타다

辰	진 : 해묘미
戌	술 : 사유축
丑	축 : 신자진
未	미 : 인오술

반안은 편안한 시기..

진, 술, 축, 미가 반안살

만세력을 열고 사주 8글자에
12신살중에 반안살.장성살이
있으면 잘 나가는 사주이고
대운.세운.월운에 있으면
좋은 길운이 오는 시기 입니다.
반안과 장성이 오는 10년 대운은
인생의 편안하고 추진력이 생성되는
시기를 나타 냅니다.

년주 반안살:조상덕
월주 반안살:부모덕
일주 반안살:배우자덕
시주 반안살:자식덕

반안살은 편안한 시절을
보내게 됩니다.
주위 도움이 따르는
시절 입니다.

장성살

:칼 찬 장군이 되다

子	자
午	오
卯	묘
酉	유

장성살은 리더십과
추진력을 나타 냅니다.
삼합의 왕지인
자.오.묘.유가 오면
장성살이 됩니다.
리더형 사주이고
추진력을 나타내는
운 입니다.

장성은 잘 나가는 시기..

삼 합

자·오·묘·유 왕지를
중심으로
생지와 묘지가 모여 든다.
인·신·사·해는 역마로
이동수를 말하며
왕지인 도화를 생하는
글자로 중요하다.
묘지의 인연은 중화의
기운과 흉운이 된다.

 사유축

생지 왕지 묘지

 인오술

생지 왕지 묘지

 신자진

생지 왕지 묘지

 해묘미

생지 왕지 묘지

폴 세잔의 사과는 위에 본 사과, 옆에서 본사과
밑에서 본사과..등 다양한 위치에서
보는 사과를 한 폭의 그림으로
입체적으로 표현한 그림입니다.

삼합은..
자·오·묘·유의 오행인
수·화·목·금의 성질로
생지, 묘지의 오행이 왕지의
중심 오행으로 변화 하려는 기운입니다.
예를들어..
사유축 삼합의 운이 오면 중간 글자인 금 기운으로
바뀌려는 기운이 도는 시기를 말합니다.

피카소는
폴 세잔의
입체를 표현한
사과 그림에
영감을 받아
입체파를
탄생 시켰다.
세잔을 아버지라
부르며
멘토로
생각했다

피카소의
생지는
폴 세잔 입니다.
삼합의
생지인
인·신·사·해는
자·오·묘·유
왕지를
생하는 글자로
생지를 가진
사람이
귀인이 된다.

생과 극

오행 생과극

목극토

수극화

금극목

목생화

화생토

금생수

토생금

수생목

생 극

사주에서
생과극은 가장 기본중
기본입니다.
일간과 주위 오행이
생하면 좋은 기운
입니다.
생이 많으면 일단
좋게 해석 합니다.
허나,
극 이라고 해서
반드시 흉운은 아닙니다.

사주 8글자에 극한 기운은 대운이 생하는 기운이 올때..
기회가 옵니다. **생과극**은 늘..변화는 운입니다.

십성알기

사주 십성은 MBTI,혈액형,별자리처럼
사주에서 중요한 단어이며 기본 성격,성향과 운을 보는
핵심 키워드입니다.

십성:핵심 키워드
십성은 다양한 의미를 내포하고 있다

사주 십성은 10글자이며 5가지 테마가 있습니다.
사주에서 가장 많이 읽히는 키워드입니다.

비견,겁재=비겁　　십성은 5쌍이며 줄여서 테마별로 명칭을 간단히 부릅니다.　　**식신,상관=식상**

정인,편인=인성　　　　　　　**정재,편재=재성**

정관,편관=관성

십성의 뜻은 다양합니다. 한가지 의미가 국한되지 않고
확장되어서 다양한 뜻으로 해석되어 집니다.

비견:나	**식신:손과발**	**정재:작은 돈**
겁재:타인	**상관:입**	**편재:큰 재물**
정인:소통	**정관:도덕군자**	
편인:매니아	**편관:국가**	

비겁:경쟁하다	**식상:활동성,재능**
재성:장사,사업	**인성:공부과,인복**
관성:규칙,바름	비겁.식상.인성은 일간을 생하고 재성과 관성은 일간을 극한다

비견은 나이고 겁재는 나보다 힘이 쎈 타인입니다. 그들의 경쟁입니다.
식신은 재주,재능이며 땀 흘려 일하는 모습입니다. 부지런한 사람입니다.
상관은 말발이고 개혁가이며 타고난 재능의 소유자입니다. 그리고 유희를
좋아합니다. 정재는 돈을 차곡차곡 모으는 사람이고 꼼꼼한 사람입니다.
그리고 장인 스타일입니다. 편재는 사업가 스타일이고 시스템을 만드는
사람으로 프렌차이즈 개념입니다. 큰 재물을 움직입니다. 정인은 소통이
좋은 사람이며 애교 있고 착한 사람입니다. 정인은 공부과 이며 인복이 좋은
사람입니다. 편인은 매니틱하고 덕후기질이 있고 의심병이 있으며 천재끼가
있습니다. 정관은 도덕군자이며 취업운이 좋고 바른 사람입니다.
편관은 국가,헌법입니다. 절대적인 규칙이며 대의적인 성향입니다.
편관은 위인 스타일입니다.

특히!
십성은
8글자
칸의
위치에
따라
그
성향과
강약이
달리
해석되어
집니다.
년
월
일
시
천간
지지
별로
십성은
파워가
다
릅
니
다

비겁,식상
인성은
일간
나를
생하는
존재이며
재성
관성은
일간
나를
극하는
존재
입니다.

십성은
오행과
10간
12지와
연결하여
다양한
특징을
지니며
그
뜻 또한
확장
되어서
아주
폭넓게
해석하여
풀이
됩니다.

일간을
중심으로
비겁은
일간과
같은
오행이고
식상은
일간이
생하는
존재이고
인성은
일간을
생하고
재성은
일간이
극하고
관성은
일간
나를
극하는
존재
입니다

목욕 · 년살

년살:도화살
만세력에서 년살은 도화살입니다.
년살이 오는 대운이나 세(년)운에는
연애, 결혼, 이별, 이혼, 재혼..등의
이성운이 오는 시기입니다.

육친 이별
년살에 오는 시기에 대운이
교차하는 시기와 만나게 되면
부모님이 세상을 떠나는 운이
오기도 합니다. 육친 애정의 관계가
깨지는 기운이 오면서 목욕, 년살이
동반 되는 기운이 그렇습니다.

목욕

년살
년살

목욕, 년살은
자, 오, 묘, 유의
도화살이
오는 시기이며
목욕은
내가 적극적이고
도화는 나에게
다가오는
기운입니다.

목욕(목욕지)
12운성 목욕지는 5세에서 7세까지의
유아 상태를 말하며 순수하고 천방지축으로
자기표현을 하는 상태에 놓여지며
적극적으로 끼를 부리는 순수한 시기입니다.
목욕, 년살이 함께 오는게 일반적이며
이성의 기운이 감도는 시기입니다.

화개살
목욕, 년살 외에 화개살이
오는 시기에도
이성운이 오는 때입니다.
3대 연애, 결혼 시기가
목욕, 년살, 화개살입니다.

역마살 · 지살

역마살, 지살은 이동수이며 길운이 오는 신호탄입니다.

스스로 이동하면 복이 찾아옵니다!

인.신.사.해

역마살,지살은 12신살중 이동수를 뜻합니다.
이사, 이직, 해외운..등 몸이 움직이고 건물이
이동하는 기운입니다.
지살은 땅을 의미하며 건물 매매나 해외운등의
큰 규모의 움직을 예견합니다.
역마의 기운은 길운이 올 신호탄 역활을 합니다.

역마살.지살.

인, 신, 사 ,해 네 글자는
지지에서 역마의 글자로
일주나 월주에 오면
일생 이동수가
따르는 삶을 살게 되며
직업운이 움직임이
많은 직업군에 놓여
집니다.

여행은 스스로 선택하는
역마살입니다.
이동수를 자의로 만들게 되면
새로운 운이 찾아와서
길운을 만들어줍니다.
이동수는 공간을 바꾸는
기운과 동시에 새로운
인연을 만나는 기회가
찾아와 귀인복이 따르게
됩니다.

정재

辛

酉

정재

편재

庚

이 사주는 태어난 년에 신유 간여지동 금 정재격으로 **재물 상속**이 있는 팔자입니다.
지장간 본기에서 투간된 강한 **정재격**의 재물 사주입니다.

생월의 천간에 경금 편재는 직업 활동에서도 **사업가적인** 면모의 사주입니다.

생각형 천재 페리스 힐튼

홍염살:일지,월지에 홍염이 있는 애교쟁이 입니다. 그녀의 파타는 홍염에서 나옵니다

He. 서하진의
아트 칼럼 Book

丙

인월의 병화 일간으로 봄에 빛나는 태양으로 봄에 비치는 태양을 가진 팔자입니다.

페리스 힐튼님은 금이 강한 사주로 차가운 면이 있으나 병화 일간으로 본 모습은 **따뜻한 사람**입니다.

寅

편인

寅

편인

그녀는 다 계획이 있습니다.
일지, 월지가 인목 편인 병존입니다,
천재입니다.
생각하는 인간형입니다, 생각하고 계획하는 총명한 사람입니다.

정인

乙

未

상관

66세   56세

辛   **申**

상관패인: 46세 을미 대운은 을목 정인과 미토 상관이 만나는 상관패인 대운으로 상관이 잘 다듬어지는 시기로 **무 식상** 사주가 식상운이 정인과 함께 오니 더 좋습니다.

재성혼잡: 이 사주는 정재,편재의 재성이 3개이상인 **재성혼잡** 사주입니다. 56세 병신 대운과 66세 정유 대운은 **재성혼잡**이 더 강해지는 시기로 과소비,무리한 투자로 인해 패가망신할 수 있으니 주의해야 합니다.

작가의 말 : 페리스 힐튼님은 재성은 많은데 식상이 없는 사주로 하고 싶은 일은 많지만 손과 발의 움직임이 제한된 사주로 파격적이고 독특한 행동을 표출하는 사주 구조입니다. 쉽게 남들에게 보여주기위한 과시욕이나 튀는 돌발 행동이 많은 사람입니다. 지지에 인목 편인 병존 또한 목기운의 일 욕심이 강한 사람이며 이것저것 추진은 좋지만 뒷마무리가 안되는 유형입니다.
다행히 46세 10년 운인 을미 대운에 상관이 오면서 상관 생재의 토생금으로 꽃을 피는 시기가 옵니다. 2027년부터 2030년까지는 식상운이 흘러서 길운이 오는 좋은 시기입니다.

컵라면 보다 쉬운 사주팔자

송혜교

추천 음악:
오랜날 오랜밤 _악동 뮤지션

토극수로 정신이 혼란하고 금이 강하여
예민함을 차분하게 치유해주는 음악이 도움되십니다.

정관

정관

정관 여자
송혜교님은
신유년 생으로
간여지동의 정관격
여자입니다.
정관 여자는 시집 잘 가는
여자 팔자입니다.
금의 정관으로 분명하고
강력합니다.

수생묵
일간이 갑목으로
태어난 월이 해수로
일간을 생하는 사주입니다.
갑기합의 천간에 해수는
천군마마입니다.

이별

송혜교님은 태어난 년이 신유로 금이 강한
사주로 상대가 금이 강한 사람일때 끌림이
있습니다. 허나 금이 많은 인연은 피하셔야
합니다. 특히 유금이 병존으로 2개인 인연은
큰 흉을 불러오며 목숨까지 위험해집니다.
이 부분은 꼭 명심하셔야 합니다.

정재

편재

재생관
년간 신금이
정관이고
월간이 기토
정재로 정관
정재의 재생관
사주로 돈과
명예를 가지는
팔자입니다.

인연
송혜교님은
갑진 일주에 기해월에 태어난
사람입니다.
진토의 신자진 인연에 자수,신금을
가진 남자가 천생연분이고
태어난 월에 해묘미 인연중에
토끼띠이거나 묘목을 지지에 가진
남자와 인연이 있습니다.
남자 지지에 자수,신금,묘목을
다 가진 인연이 신이 내린 최고의
배우자입니다.

측은지심
태어난 월의 지지에
해수 편인은 측은지심의
마음을 가진 남을 돕는
천사입니다.

겨울 여자
해월생으로
겨울에 태어난
미인입니다.

亥

45세 갑진 대운
송혜교님의 첫번째 결혼 운은 신축
대운인 25세 이전에 있었습니다.
년주가 정관격으로 일찍 결혼해야 하는
팔자입니다. 그다음 45세 갑진 대운에
결혼 운이 있습니다. 갑진의 10년동안
인연의 남자가 많습니다. 특히 갑진
대운에 인연이 많으며 귀인으로 나타나는
분도 여러분이 있습니다. 여러명의 인연중
한 명이 백마탄 왕자로 옵니다.

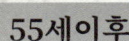

55세이후
이 사주는
년,월,일까지인 삼주에
식신,상관이 없는
무식상 사주입니다.
식상이 화로 지장간에도
불이 없는 차가운 사주
입니다.
용신 화가 오는 시기는
55세 을사 대운이 후
30년간 화의 식상이
오는 시기로 삶의
큰 변화가 생기는
시기입니다.

드리는 창작시: 샤갈의 그림속

오랫동안 기다려온 나의 바램은 하늘에 맞닿아
구름과 바람의 약속이 되었습니다

나는 숙녀에요
코스모스 길 레이스 치마에 춤추는 구두는
설레이는 마음에 콧노래가 절로 나와요

철길을 달리는 기차는 나의 희망과 달리기하네요
나의 손에 쥔 풍선은 하늘로 날아올라
어린시절 꿈을 이루게 하네요

나의 친구 루비는 사뿐사뿐 걷고 있어요
들길 따라 꽃길 따라 가을을 따라 달려요

샤갈의 그림속에 들어온 나는 꿈 부자에요

He.서하진

작가의 말 : 안녕하세요 송혜교님 인생의
지혜와 위료가 되는 글이
되었어면합니다
인생이라는 긴 항해에 나침반같은
의미로 느껴지시길 바랍니다.

키아누 리브스

엔젤 고슴도치 운명론

착한 사람입니다.
주위에 사람들이 많습니다.
하지만 모두 불행해집니다.
주인공이 다가가면 갈수록 깊은 관계를
맺으면 맺을수록 더 불행해지는
슬픈 운명론입니다.

이동수

임신월과 갑인일에 역마살,지살이 강한 사주로
평생 이동하고 이사하는 인생입니다.
자유로운 영혼입니다.

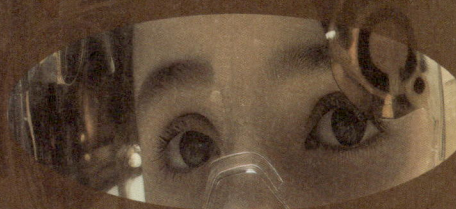

고란살

일주에 고란살은 평생 외롭게 살 팔자입니다.
비견다자로 쉽게 지인이 생기지만
군중속 고독한 삶입니다.

금여록

생년에 금여록은 평생 황금 수레를 끌고 다닐
팔자이며 갑진년생의 지지 진토가 편재로
큰 재물이 따르는 사주입니다.

1999년은 기묘년입니다.
다시 대운으로 왔습니다.
62세 기묘 대운입니다.
지지 묘목이 겁재로 월지 신금과
묘신 귀문관살이 작용합니다.
강력한 흉운이 감도는 대운입니다.
임자년 2032년 69세가 고비입니다.

배우 키아누 리브스

일간	편인	비견

비견	편관	편재

비견의 상처

키아누 리브스는 갑목,인목의 비견이
흉을 겪는 사주입니다.
비견은 가족,친구,지인이 해당됩니다.
월지 신금 편관이 나무를 치는 구조로
단순히 금극목의 편관 칠살이 아닙니다.
지지에 인사신 삼형살이 존재하고
신자진 물바다가 있는 흉이 강한
사주입니다.
무엇보다 중요한 포인트는
지장간에 있습니다.
월주에 임수가 있고 년주에 계수가
있는 물바다 사주입니다.
흙탕물 수준을 넘어서 홍수가 나고
산사태가 발생하는 물의 영적인 코드로
저주를 내리는 사주입니다.
1993년 친구의 죽음과 1999년
아이의 죽음이 있었고
여자친구는 교통사고로 사망하였습니다.
또한 여동생의 백혈병 투병도
흉운으로 겹치게 왔습니다.
비견의 사람들이 자기 곁을 떠나거나
불치병에 걸리는 말할 수 없는 슬픔에
휩싸이게 됩니다.
대인기피증을 넘어서서 말할 수 없는
극복하기 힘든 우울감에 연속인 삶입니다.

작가의 말: 키아누 리브스님은 임수 편인의 측은지심을
가진 천사입니다. 비견의 노력과 편관의 명예로 진토의
큰 재물과 자신의 주위 사람들의 불행과 바꾸는 팔자입니다.
나의 인간 관계에서 오는 슬픔이 에너지의 원동력이
되는 것입니다. 비견과 편관은 고통이 생기면 생길수록
의지가 강해지는 사주 구조입니다.
어떻게 보면 고통과 슬픔을 받아들이면서 자사전을 만들어
가는 슬픔속 엔젤 히어로입니다.
키아누 리브스님은 불교나 사주 명리를 공부하시어 의지
하시면 좋을 사람입니다.

군겁쟁재

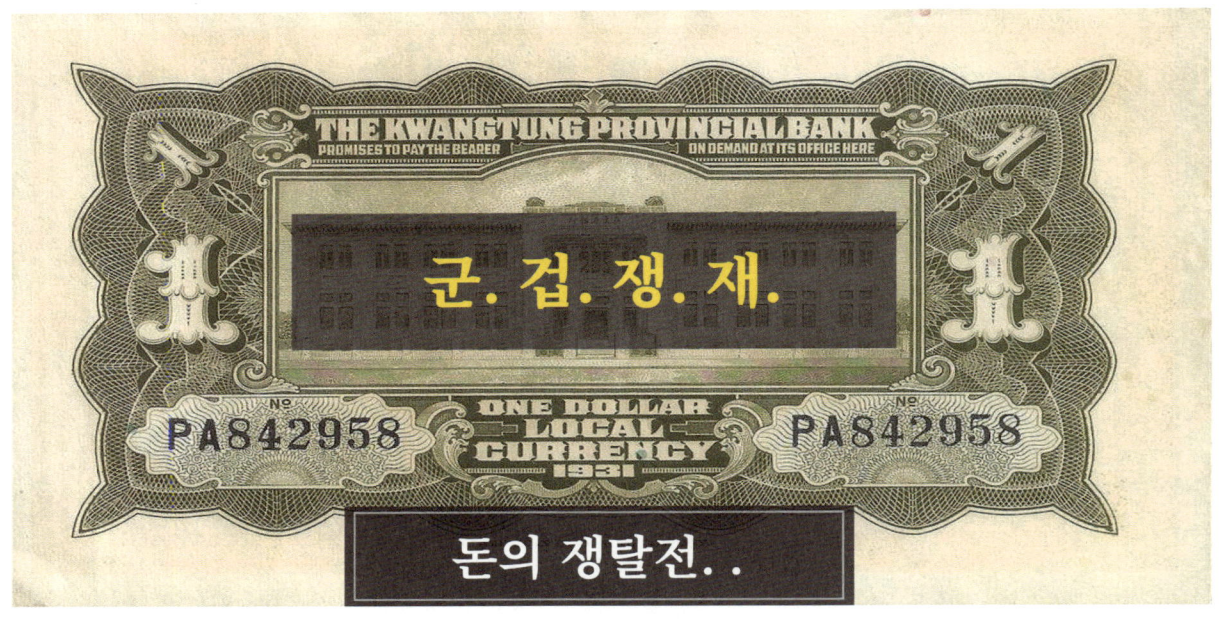

THE KWANGTUNG PROVINCIAL BANK
PROMISES TO PAY THE BEARER ON DEMAND AT ITS OFFICE HERE

군. 겁. 쟁. 재.

PA842958 PA842958

ONE DOLLAR
LOCAL CURRENCY
1931

돈의 쟁탈전..

뺏고 빼앗기는 돈의 쟁탈전!

겁재.재성

겁재가 정재,편재의 재물을
뺏아가는 구조의 사주는 식상 운에
노력하여 재물을 쌓아 모으는
기축형 운영이 필요한 형국의 사주
입니다. 비견,겁재와 정재,편재의
만남은 비겁의 군비쟁재는 좀 더
안정적이지만 겁재의 힘이 강한 상대를
만나면 재물을 빼앗기는
흉운이 따르게 됩니다.

일간(나)

정관

편재

편인

겁재

비견

카카오 의장 김범수님 사주중 삼주입니다.
이 사주는 사주 본국 자체가 군겁쟁재,군비쟁재의 사주 구조입니다.
월간 신금 편재가 년주의 병오중 천간과 지지 모두 쟁재가
발생하는 형국으로 평생 돈 때문에 구설이 따르는 팔자입니다.
돈을 뺏고 뺏아가는 운으로 재물 쟁탈전 사주 구조입니다.
묘월의 정화는 편인의 총명함과 아이디어 뱅크입니다.
허나. 삼주에서 무식상으로 머리를 굴려서 돈을 버는 사주 구조로
편인의 편향된 성향으로 성공과 실패가 공존하게 되는 팔자입니다.

52
비견

52
겁재

편재

정재

또한.
42세 병신 대운과 52세 정유 대운이
군겁쟁재,군비쟁재로 사주 대운이 흐르고
있습니다. 사주 본국도 쟁재 기운이 강하고
10년 대운도 쟁재 기운이 강한 운의 흐름으로
희비가 교차하는 고난의 세월입니다.
이는 무리한 사업 확장과 투자로 자금의 문제가
발생하는 흉운이 강한 사주 구조로 안정적인
사업 운영이 절실한 사주를 가진 사람입니다.

군 겁 쟁 재

겁재와 재성의 전투..

살인상생

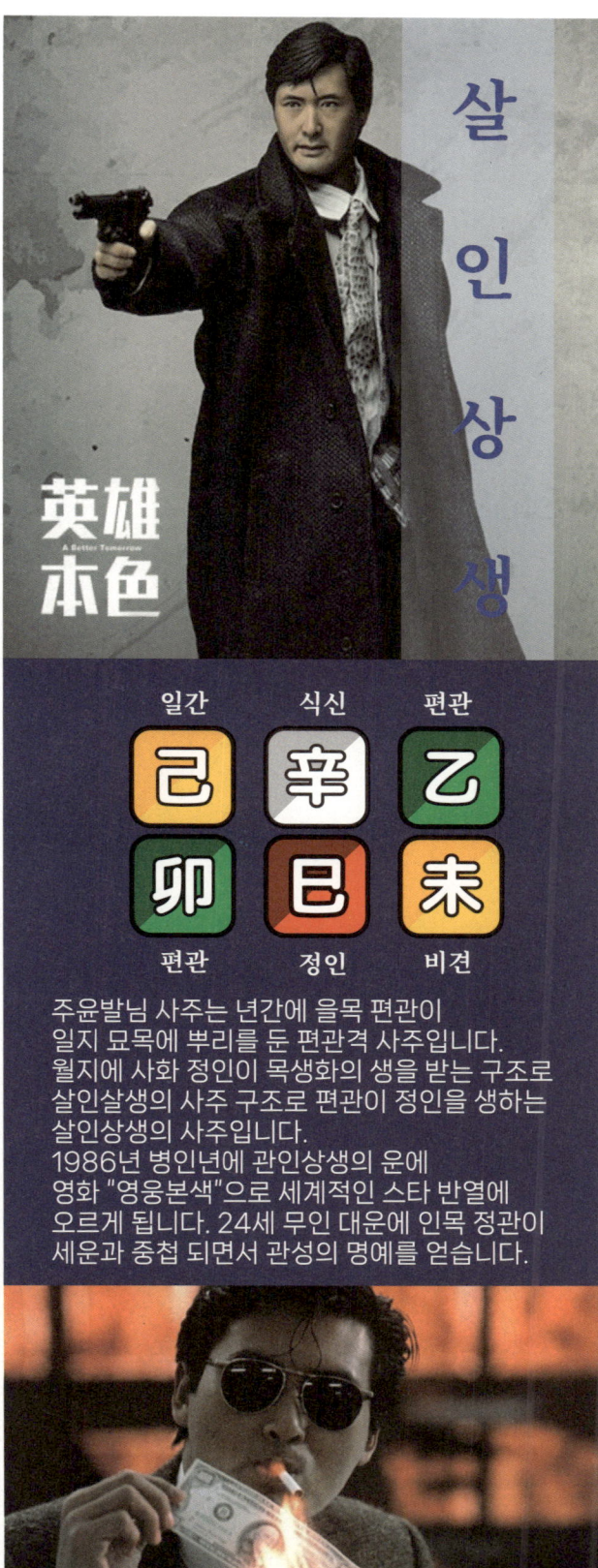

살인상생은 편관의 힘을 말합니다. 편관격의 사주가 정인을 생하여 성공하는 운이지만 편관 칠살의 고통이 따르는 주조로 힘들게 높은 위치에 오르는 팔자로 격이 높은 성공을 말합니다.

일간	식신	편관
己	辛	乙
卯	巳	未
편관	정인	비견

주윤발님 사주에서 주목할 만한 부분은 을목,묘목의 편관입니다. 이는 대의를 위한 삶을 추구하는 사람으로 바르고 귀감이 되는 삶의 행보를 보이게 됩니다. 그 중에 사화 정인의 측은지심으로 귀부 천사가 되면서 덕을 베푸는 삶을 살게 되는 것입니다. 이는 편관,정인의 살인상생의 본 뜻을 보여주는 팔자의 표본이 되는 사람입니다.

주윤발님 사주는 년간에 을목 편관이 일지 묘목에 뿌리를 둔 편관격 사주입니다. 월지에 사화 정인이 목생화의 생을 받는 구조로 살인살생의 사주 구조로 편관이 정인을 생하는 살인상생의 사주입니다. 1986년 병인년에 관인상생의 운에 영화 "영웅본색"으로 세계적인 스타 반열에 오르게 됩니다. 24세 무인 대운에 인목 정관이 세운과 중첩 되면서 관성의 명예를 얻습니다.

▋에로스 운

壬
午

임
오
일
주

임오일주는 임수의 밤에
오화의 네온싸인 불빛입니다.
그리고 임수는 여자의 자궁을
뜻합니다. 오화는 햇불의
불빛이니 자궁에 불빛을 비추는
운으로 천간의 정임합을
나타내며 하룻밤의 급한 인연을
맺는 운을 말합니다.
남자의 경우 임오 일주이면
휴흥 업소를 즐겨 찾게되며
밤문화 여인과의 인연이
있습니다. 홍등가 여인과
결혼하는 임오 일주 남자들도
흔히 있습니다.
오화는 도화살이며 가장
화려하고 열정적인 도화입니다.
사오미의 여름의 절정으로
밖으로 뿜어내는 힘이 강하여
화려한 외모에 화려하게 꾸미고
치장하는 도화살 입니다.
일반적으로 생각하는 도화가
오도화 입니다.
여자의 경우 임오 운은 하룻밤의
인연이 찾아오는 운으로
에로스적인 관계에 놓여지는
시기이며 일주로는 정재이니
재물운이 따르는 사주 입니다.
오화 정재 여자는 미인이면서
꼼꼼하게 살림을 잘하는 여자
사주입니다.
임오는 또한 임수의 큰 바다에
오화의 등대같은 불빛으로
작용하는 길운도 따르게 됩니다.

▌직업운(돈버는 기계)

식상생재는
달리는 기차와 같다

일 간

壬

午   寅
정 재   식 신

식상 생재(돈버는 기계)

일지,월지에 식상이 있고 재성이 있으면 식상생재로
끊임없이 움직여 목표물이 있어서 일을 하는 사주입니다.
정재,편재는 하나의 목표이면서 재물입니다.
목표가 뚜렷하고 식상의 움직임이 가능한 사주는
식상생재로 열정적인 삶을 살게 됩니다.

인사신 삼형살

피를 흘리며 죽음을 맞이한다

寅 巳 申

인 사 신

관재수의 형살이 세가지가 모여서
강력한 흉살을 만듭니다.
호랑이 인목과 뱀 사화 그리고 원숭이 신금은
12지지 동물중 상극인 관계가 만나는 구조입니다.

무관 사주가
일지, 월지에 인사신 두 글자가
오면
극단적인 흉운이 발생하고
단명의 기운이 있습니다.

인사신중 인목 호랑이가 움직이면 위험하다.

김아중

내가 가꾸는 정원을 당신께 드립니다
장미꽃의 질투는 당신이 정원에 있기 때문입니다

결혼..

결혼운은 47세 계묘 대운에 있습니다.
2030년 경술년 49세가 유력하지만
2026년 부터 연애 운은
열려있기 때문에
사유축의 편관 남자와
결혼 운이 있습니다.
단 관성이 강한 사주로
신중한 선택이 필요합니다.

酉 편관　**申** 정관

관성 여자

김아중님은
일지 편관과 월지 정관으로
금의 관성이 강한 여자로
보수적이고 고지식한 면이
아주 강한 사주입니다.
적당하면 예의 바르고 책임감이
강한 면모가 있지만 지나치면
유두리가 없고 담을 쌓은 답정녀
성향이 강하게 느껴질 수 있기때문에
사회 생활에 어려움이 따를 수 있는
사주 형국입니다.

정재
 戊

정재격

이 사주는 태어난 월에
천간에 정재가 있고
년지 술토가 뿌리로 내려 온
정재격의 사주로 재물운이
탄탄한 사주입니다.

정인
 壬

측은지심

태어난 년에 천간에 놓여진
임수 정인은 바다와 같은
동정심이 많은 사람입니다.
여명의 사주로 모성애 또한 강한
사람입니다.

추천 음악:
파가니니 주제에
의한 광시곡
라흐마니노프

백호살,괴강살

태어난 년이 임술년으로
백호, 괴강의 기운이 강한
사주로 일지 편관의 권위적인
면모와 만나면 자존심이 아주 강한
사람입니다.

화 대운과 무식상

10년 대운에서 36세까지 화 대운이
끝났습니다. 이 사주는 무 식상 사주로
화가 절대적인 용신인 사주입니다.
지장간 또한 년주에 정화 식신이 있고
그 나머지는 존재하지 않습니다.
그래서 개운법으로 붉은색 옷을 자주 입고 붉은 꽃을 가까이 두세요!

배우 김아중

드리는 창작시:

빨간 케이프를 쓴 카미유

백조는 눈 내린 호수에
자신을 숨기고 있네요

물 안개를 차고 오르는
모네의 붓 끝은 아침햇살
이네요

은화 한 잎에 산 빵과
옥수수 스프에 한 끼는
고양이 식탁이네요

푸른빛 사파이어 목걸이를
걸고 날으는 백조는
나의 친구이네요

가을은 낙엽이 춤추고
공기와 입 맞추는 잎사귀는
가을 마녀를 따르네요

빨간 케이프를 쓴 카미유는
슬프지만 나쁜 모네는
이기적인 붓의 놀림이네요

난 차갑고 싶어요
난 냉정한 사람이에요
바다가 붉은 이유는
내가 태양을 삼키고 있기
때문이에요

나의 열정은 이제부터
시작이에요 내 심장은
붉게 물들어있어요

He.서하진

사주는 과학입니다.   사주는 통계학의 빅데이트 입니다.

재성 혼잡
돈 사고 팔자!

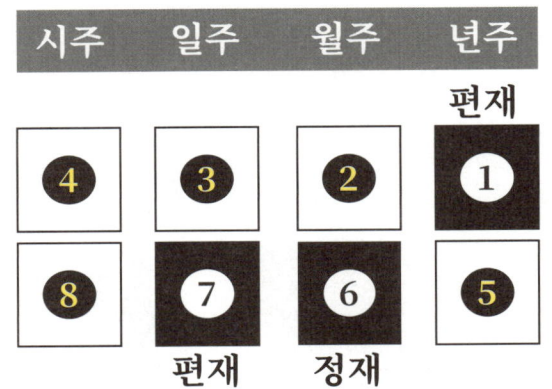

시주	일주	월주	년주

편재

④ ③ ② ①

⑧ ⑦ ⑥ ⑤

편재   정재

*천을귀인 만세력 앱을 열고 태어난 년,월,일,시를 입력해서 확인해 보세요!

1. 7번,6번,1번 위치에 정재, 편재가 3개 이상이면 90% 돈 사고 난 다.
2. 그 외 위치에 정재, 편재가 3개 이상이면 70% 돈 사고 난 다.
3. 정재,편재중 2개인 사주도 신중하게 재물을 다루어야 한다.

 *사주 10성중 정재, 편재는 재성이라고 부릅니다.
 *정재, 편재인 재성은 돈과 재물을 말합니다.
 *재성이 많은 사주는 재물에 대한 욕망이 넘치기 때문에 돈 사고가 나며
  신용카드연체, 신용불량, 주식탕진, 사업실패..등 다양한 돈 사고가 나는
  사주입니다.

편재   편재

甲   戊   戊
子   午   申

상관

*태어난 시가 빠진 년.월.일의 삼주만 입력합니다.

편재가 병존인 식상 생재!

*이 사주는 유명 기업가 사주입니다. 태어난 년과 월의 천간에 편재가 나란히 있는
편재 병존 사주로 태고난 재물이 월주인 나의 직업으로 연결되는 사주입니다.
월지의 상관이 화생토로 식상생재하여 재물을 취하는 능력이 있는 사주입니다.

*재성혼잡 사주는 재물이 잘 따르는 사주이나 무리한 지출과 투자로
인해서 경제활동에 제약을 받는 때가 자주 오는 사주입니다.

재물운

사주는 과학입니다.

사주는 통계학의 빅데이트 입니다.

비겁 사주
재벌이 될 사주

보너스 사주공부

시간	일간	월간	년간
시지	일지	월지	년지

사주팔자 구간별
명칭 이렇게
불러주세요!

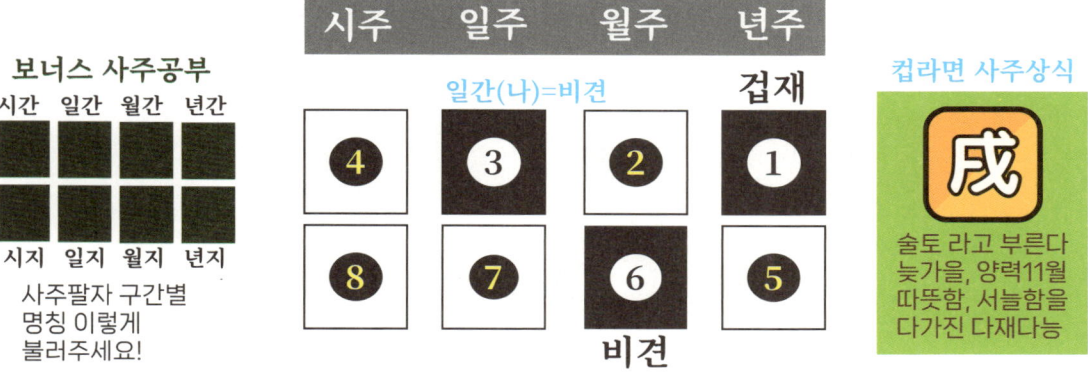

시주	일주	월주	년주
	일간(나)=비견		겁재
4	3	2	1
8	7	6	5
		비견	

컵라면 사주상식

戌

술토 라고 부른다
늦가을, 양력11월
따뜻함, 서늘함을
다가진 다재다능

*천을귀인 만세력 앱을 열고 태어난 년,월,일,시를 입력해서 확인해 보세요!

1. 3번,6번,1번 위치에 비견 2개와 겁재 1가 있으면 재벌이 될 확률이 90% 이다.
2. 그 외 위치에 비겁이 3개 이상이면 재벌이 될 확률이 70% 이다.
3. 조건은 비견 2개에 겁재 1이다.(겁재 2개는 안된다)

*비견, 겁재를 줄여서 비겁이라 부릅니다.
*일주 천간은 누구나 비견이며 일간 나이며 영어로 I 입니다. 비견과 겁재는 경쟁하는
  사람입니다. 비견은 동등한 경쟁이고 겁재는 치열한 경쟁적 삶입니다. 그래서
  죽기 살기로 열심히 사는 팔자입니다. 자수성가형 재벌 사주입니다.

*태어난 시가 빠진 년,월,일의 삼주만 입력합니다.

대기업 회장님 비견 사주!

*이 사주는 모 대기업 창업자 사주로 비견 사주입니다. 이 사주는 전형적인 토생금으로
  생하는 사주 구조로 년간 경금이 일지 신금에 뿌리를 둔 사주로 식신의 부지런함과 열정으로
  경쟁자와의 치열한 경쟁으로 성공한 전형적인 자수성가형 팔자입니다.

*비겁 사주를 가진 사람은 한 시간 일찍 출근하고 한 시간 늦게 퇴근하는
사람입니다. 혼자만의 공간에서 연구하는 사람입니다. 당연히 성공할 팔자입니다.

주식 & 로또운

사주는 과학입니다.   사주는 통계학의 빅데이트 입니다.

편재 사주

주식에 미치는 사주

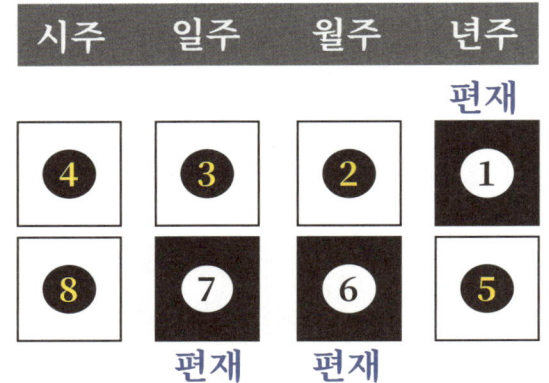

시주	일주	월주	년주

*천을귀인 만세력 앱을 열고 태어난 년,월,일,시를 입력해서 확인해 보세요!

1. 7번과 6번이 나란히 편재인 사주는 주식에 미칠 확률이 90% 이상이다.
2. 1번이 편재인 사주는 주식에 미칠 확률이 70% 이상이다.

*편재는 큰 재물이고 재물에 욕심이 많으며 한방에 큰 돈을 벌고 싶은 욕망이 넘치는 사주입니다.
*사주 8글자 중 편재가 2개 이상이면 큰 재물을 얻을 팔자이나 일반적으로 편재 운은 큰 돈이 나갈 운을 점치고 있습니다.

*태어난 시가 빠진 년,월,일의 삼주만 입력합니다.

주식왕! 워런버핏

*이 사주는 태어난 년의 지지인 년지가 정재입니다. 돈 욕심이 많은 사람이며 부자가 될 팔자입니다. 월간에 갑목 식신이 년지 오화 정재와 생하여 "식신생재" 하는 사주로 돈 버는 기계 사주입니다.

*편재 사주는 증업없이 왕계 돈을 벌려고 하는 마음이 왕성합니다. 장사나 사업을 팔자에 돈버는 연출가 감독과 같은 삶을 살게 됩니다.

천라지망

술토 해수

술 해 천 라
하늘의 그물

辰 巳 **진 사 지 망**
진토 사화
땅의 그물

천 라 지 망

천라지망은 흉살로 하늘의 그물과 땅의 그물로
괴롭힌다는 뜻입니다.
허나. 실제 임상으로 볼때는 영적인 코드를 말하며
귀문관살의 윗단계를 의미합니다.
신의 내 주위 맴돌고 있는 사주입니다.
길운에서는 신의 도움을 받고 흉운에서는 신에게
벌을 받는 기운이라고 생각하면 됩니다.
신의 능력을 가진 자라고 인식하면 됩니다.
옛날 옛적에 천라지망국이 있었는데 하늘에서
내려온 신들이 모여 사는 나라가 천라지망국
있었다고 전해집니다.
천라나 지망살이 있는 사주는 사찰을 자주 찾아서
좋은 기운을 받으면 길운이 쌓이는 법이며
자연의 기운을 자주 받는 산과 물을 여행하면 좋습니다.

술해 술해 천라 천라
상관의 재능을 신의 도움을 받아
사용하는 사주입니다.
천재성은 기본이고
노벨상은 천라의 은덕으로
가능해진 것입니다.
인간의 능력을 뛰어넘어서
그 운도 따르는 천라지망중
술해 천라입니다.
허나.
받은 만큼 댓가를 치러야하는
운입니다.

상관   상관

이 사주는 노벨상 수상한 한강 작가님 사주입니다.
지지에 술해 천라가 강하게 자리 했습니다.
해수 상관의 재능이 나란히 병존으로 문학 천재가 맞습니다.

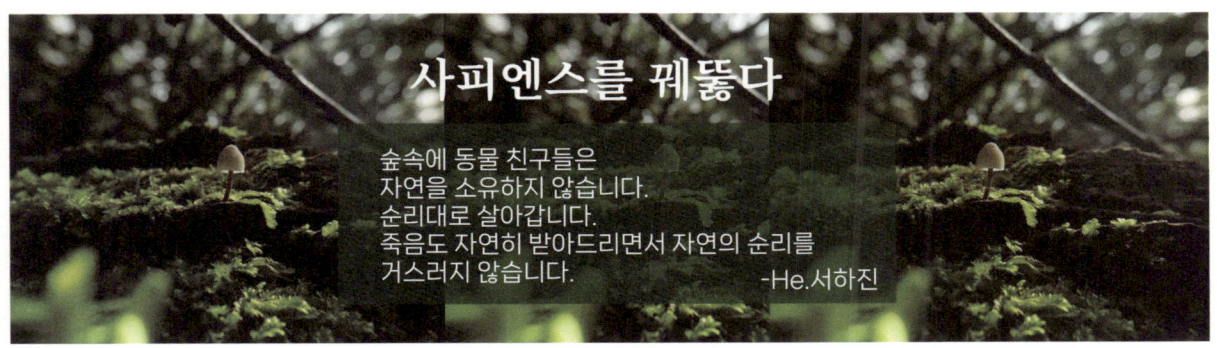

사피엔스를 꿰뚫다

숲속에 동물 친구들은
자연을 소유하지 않습니다.
순리대로 살아갑니다.
죽음도 자연히 받아드리면서 자연의 순리를
거스러지 않습니다.

-He.서하진

자식운

사주는 과학입니다.

식상 여자사주
자식이 많은 여자 팔자!

시주	일주	월주	년주
			정인
④	③	②	①
⑧	⑦	⑥	⑤
	식신	식신	

*천을귀인 만세력 앱을 열고 태어난 년.월.일.시를 입력해서 확인해 보세요!

1. 7번,6번 식신과 1번 정인이 있는 여자 사주는 자식이 3명 이상일 확률이 90% 이다.
2. 7번과 6번에 나란히 식신.상관이 있는 여자 사주는 자식이 2명 이상일 확률이 70% 이다.

*여자 사주에서 식신, 상관은 자녀운이며 자식의 수에 대한 욕심이 많은 사주이며 자녀를 씻기고 먹이고 입히고 싶어 하는 의욕이 강합니다.
*식상이 많은 여자는 임신.출산에 욕망이 많고 임신 행위 그 자체에 대한 열망이 강한 팔자입니다.
*정인은 엄마이고 모성애이며 일지나 년간에 위치할때 강한 기운이 작용합니다.

*태어난 시가 빠진 년.월.일의 삼주만 입력합니다.

엄청난 식신생재 5남매 여자 사주!

*이 사주는 5남매 유명인 여자 사주로 일지가 식신이고 4개의 재성과 금생수하여 식신의 임신, 출산 행위가 활발한 사주입니다.

*식신은 생식기의 의미도 있으며 식신생재는 그 행위가 활발한 운을 뜻합니다.
자녀운은 시작과 과정의 운이 활발하고 좋아야 자식운이 좋은 것입니다.

취업운

사주는 과학입니다.

사주는 통계학의 빅데이트 입니다.

정관 사주

취업 잘 되는 사주

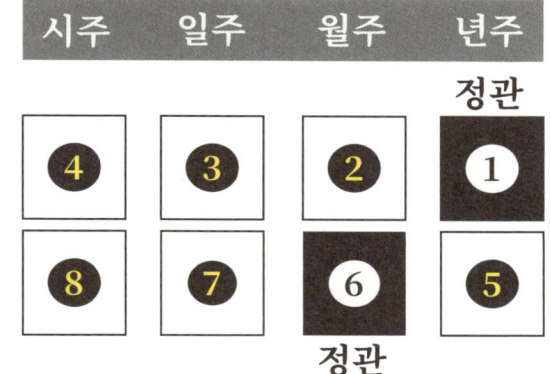

시주	일주	월주	년주
			정관
4	3	2	1
8	7	6	5
		정관	

*천을귀인 만세력 앱을 열고 태어난 년,월,일,시를 입력해서 확인해 보세요!

1. 6번 위치에 정관이 있으면 70% 취업 잘 되는 사주이다.
2. 1번 위치에 정관이 있으면 90% 취업 잘 되는 사주이다.
3. 그 외 위치에 정관이 있으면 취업 운이 좋은 편이다.

  *정관 운은 길운으로 모든 일이 풀리는 좋은 운입니다.
  *성의 편관 운은 국가적인 높은 위치의 운으로 국가의 수장이 됩니다.
  *정관, 편관의 관성이 3개 이상이면 관성혼잡으로 일간 나를 힘들게 하는
   흉운이 자주 발생합니다.

정관

*태어난 시가 빠진 년.월.일의 삼주만 입력합니다.

종격에 정관사주 대통령!

*이 사주는 역대 대통령 사주로 천간에 오행이 통일된 종격 사주입니다.
 종격에 태어난 년에 사화 정관이 국가적인 자리에 위치해 있습니다.
 정관의 올바르고 명예로움이 인생 전체에 뻗어 나가는 사주 구조입니다.

*정관은 길한 운으로 바른 삶을 임하는 자세를 가집니다.
모범적인 면모를 발휘하는 성실함으로 직업에 임하는 팔자입니다.

이혼운

사주는 과학입니다.   사주는 통계학의 빅데이트 입니다.

여자무관 사주
이혼을 밥 먹듯이하는 여자팔자!

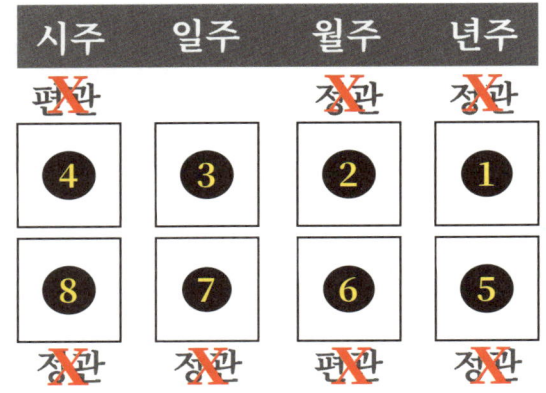

시주	일주	월주	년주
편X관		정X관	정X관
④	③	②	①
⑧	⑦	⑥	⑤
정X관	정X관	편X관	정X관

*천을귀인 만세력 앱을 열고 태어난 년.월.일.시를 입력해서 확인해 보세요!

1. 사주 8글자에 정관, 편관이 없는 여자 팔자는 이혼을 밥 먹듯이 할 확률이 70% 이다.
2. 사주 8글자 바로 밑에 지장간에도 정관, 편관이 없으면 이혼을 밥 먹듯이 할 확률이 90% 이다.

 *정관, 편관의 관성은 여자 사주에서 남자운이며 무관 사주는 남자운이 불리한 사주로 극단적인 경우 3번 이상 결혼하게 됩니다.
 *태어난 시에 관이 있으면 늦게 결혼할 팔자로 늦게 결혼 하라는 말은 그 시기에 좋은 인연이 나타난다는 팔자라는 얘기입니다.

일간	정인	정인
乙	壬	壬
亥	寅	子
정인	겁재	편인

*태어난 시가 빠진 년.월.일의 삼주만 입력합니다.

인성다자의 무관사주

 *이 사주는 결혼을 3번한 유명 여배우 사주입니다. 무관 여자 사주로 지장간에도 관성이 없는 사주입니다. 또한 인성다자로 친가와의 인연이 깊은 팔자입니다. 결혼전 궁합을 보고 신중히 선택했으면 불운을 막을수있는 팔자입니다.

*정관, 편관이 없는 무관 사주는 대운에서 관이 오는 시기에 결혼 운이옵니다. 이때 이성과의 궁합을 보고 신중하게 선택해야 합니다.

사주는 과학입니다.   사주는 통계학의 빅데이트 입니다.

관성혼잡
회사! 또 옮기려고..?

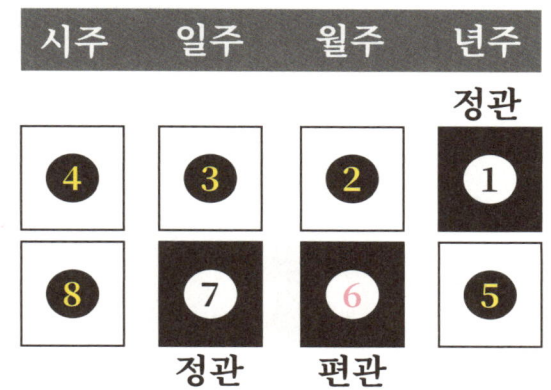

*천을귀인 만세력 앱을 열고 태어난 년.월.일.시를 입력해서 확인해 보세요!

1. 7번,6번,1번 위치에 정관, 편관이 3개이상이면 자주 이직할 운이 80% 확률이다.
2. 그 외 위치에 정관, 편관이 3개 이상이면 70% 확률이다.

*사주 10성중 정관, 편관이 3개 이상이면 관성혼잡입니다.
*관성은 직장 이며 직장이 많은 팔자가 관성혼잡 사주입니다.
*관이 많으면 취업할 운도 좋지만 이직할 운도 많은 팔자입니다.

*태어난 시를 모르니 년.월.일의 삼주만 입력합니다.

관살혼잡 사주

*이 사주는 유명 여배우 사주로 지지에 편관이 3개인 구조로 편관칠살의"살"이 붙는 관살혼잡 사주입니다. 여배우로서 다양한 배역을 소화할 수 있는 관성혼잡중 편관이 강한 관살혼잡 사주 입니다. 또한 이 사주는 월간에 경금 편인이 지지 편관과 토생금으로 살인상생하는 구조로 성공 사주입니다.

*정관, 편관은 일간과 극하는 오행으로 일간 주위의 세계인 사회를 의미하며 그 사회의 직장을 나타냅니다. 관은 직장입니다.

연애운

사주는 과학입니다.

사주는 통계학의 빅데이트 입니다.

인성 사주
나쁜 남자

컵라면 사주공부

巳
사화
만개한 꽃

시주	일주	월주	년주
		편재	편인
4	3	2	1
8	7	6	5

편인

보너스 사주상식

상관
십성중..
상관은
유희
끼
재능

*천을귀인 만세력 앱을 열고 태어난 년.월.일.시를 입력해서 확인해 보세요!

1. 7번 편인과 2번 편재인 사주는 나쁜 남자일 확률이 90% 이다.
2. 1번 편인과 2번 편재인 사주는 나쁜 남자일 확률이 70% 이다.
3. 그 외에 위치에 상관없이 편인이 있고 편재나 편관이 있는 사주는
   나쁜 남자 코드가 있다.

*사주 십성중 편인은 자기 기호가 본명한 사람입니다. 매니아틱하고 덕후기질이
 있습니다. 코드가 맞는 취향의 이성을 만나면 완벽한 자기 편으로 만드는
 재주가 있습니다. 편인은 머리가 똑똑하여 연애도 작전을 짜고합니다.
 한 마디로 편인은 교주 입니다. 가스라이팅의 귀재입니다.

편관

未
편인

卯
편재

丁
丑
편인

*태어난 시가 빠진 년.월.일의 삼주만 입력합니다.

일지 편인에 3편 남자..외골수!

*이 사주는 유명 남자 배우 사주 입니다. 일지 편인이며 신금 일간의 미남자입니다.
 월지 편재와 년간의 편관은 자기 성향이 분명하며 자존심도 강한 사람입니다.
 외모적으로 신금, 계수, 묘목의 부드러움이 있지만 실제 모습은 외골수입니다.

*일반적으로 남자 사주에서 편재는 바람끼이고 편관은 상남자 입니다. 편인은
여우라고 보면 됩니다. 편인은 조정자입니다. 사람의 감정을 조정합니다.

사주는 과학입니다.

사주는 통계학의 빅데이트 입니다.

인성 사주
시험 합격운이 좋은 사주

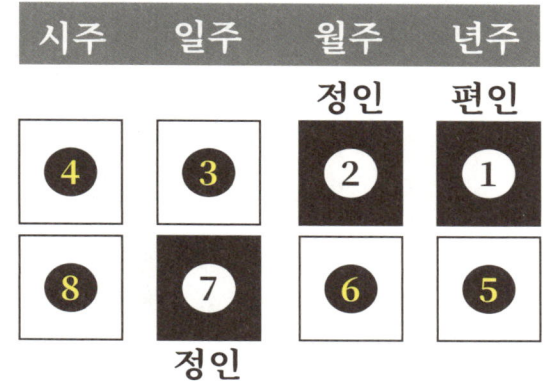

시주	일주	월주	년주
		정인	편인
4	3	2	1
8	7	6	5
	정인		

*천을귀인 만세력 앱을 열고 태어난 년.월.일.시를 입력해서 확인해 보세요!

1. 7번과 2번에 모두! 정인이 있으면 시험 합격운이 90% 팔자이다.
2. 1번에 인성이 있으면 시험 합격운이 70% 확률인 팔자이다.
3. 7번,6번중에 정인이 하나라도 있으면 확률이 70% 팔자입니다.

*사주 10성중 정인, 편인의 인성은 머리가 똑똑한 사람입니다. 암기력이 좋은
공부과 사주입니다. 당연히 시험 합격운이 좋은 팔자로 평생을 공부하여
남들보다 높은 위치에서 살게 됩니다.

*태어난 시가 빠진 년.월.일의 삼주만 입력합니다.

생년에 정인이 뿌리를 둔 천재 사주!

*이 사주는 유명 정치인 사주로 태어난 년에 계수 편인이 자리 잡았고 생월의 지지에
자수 편인이 뿌리를 두고 있습니다. 년주에서 월지에 걸쳐서 대각선으로 같은 오행과
십성이 자리잡은 사주 구조는 타고난 천재 사주입니다.

*정인, 편인의 인성은 생각하는 두뇌형 인간으로 머리가 총명하고 늘 배움에
뜻이 있는 사주 구조로 시험 합격을 통해서 우월한 삶을 살게 됩니다.

귀인운

사주는 과학입니다.　　　　　　　　　　　　　　사주는 통계학의 빅데이트 입니다.

정인 여자
소통 잘 하는 사주..착한사람!

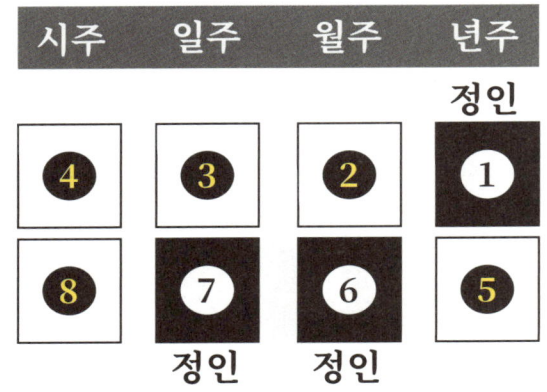

시주	일주	월주	년주
4	3	2	1 (정인)
8	7 (정인)	6 (정인)	5

*천을귀인 만세력 앱을 열고 태어난 년.월.일.시를 입력해서 확인해 보세요!

1. 7번이 정인이면 소통 잘 하는 사람일 확률이 90% 이다.
2. 6번과 1번이 정인이면 소통 잘 하는 사람일 확률이 70% 이다.
3. 그 외 위치에 정인이 하나라도 있으면 소통 능력이 있는 사람이다.

*사주 십성중 정인은 엄마 말씀 잘 듣고 선생님 말씀 잘 듣고 친구들하고
　잘 지내는 사람입니다. 애교, 미소, 친근함이 정인이고 먼저 말 거는 사람이
　정인입니다. 정인은 좋은 사람이자 착한 사람입니다.

*태어난 시가 빠진 년.월.일의 삼주만 입력합니다.

천사같은 유명인 여자 정인 사주!

*이 사주는 기부천사 유명인 여자 사주입니다. 태어난 년에 계수 정인이 월지 자수를
　뿌리를 두고 있습니다. 정인의 모성에도 강한 여자이며 갑신일주로 강단도 있는 일지
　편관 여자입니다. 책임감 있고 의리있는 사람입니다.

*정인은 가족과의 인연이 길고 깊은 팔자로 나이를 먹어도 친가와의 인연이 이어지며
그로인해 유산 상속을 받을 운이 많은 팔자 입니다.

결혼운

사주는 과학입니다.   사주는 통계학의 빅데이트 입니다.

편관 여자
인기짱! 여자 남편 존중하는 여자

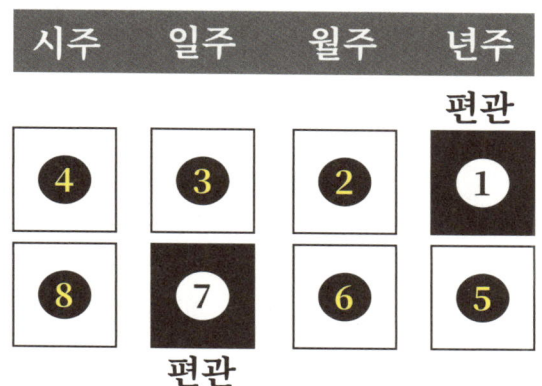

*천을귀인 만세력 앱을 열고 태어난 년,월,일,시를 입력해서 확인해 보세요!

1. 7번 위치에 편관 여자는 인기짱! 남편 존중하는 여자가 될 활률이 90% 입니다.
2. 1번 위치에 편관 여자는 인기짱! 남편 존중하는 여자가 될 확률이 70% 입니다.
3. 나머지 위치에 편관이 있는 여자들은 전체 사주를 봐야 합니다.

　*사주 10성중 정관, 편관 글자는 여자 사주에서 남자 운입니다.
　*편관은 국가, 헌법의 절대적인 관념의 소유자이며 책임감이 무한대입니다.
　*편관 여자는 결혼은 꼭! 해야 하며 이혼은 절대 안되는 여자이며 지조.조신함의
　　끝판왕입니다. 배신은 없습니다. 힘들어도 가정을 지켜려고 하는 마음이
　　아주 강한 성향의 소유자입니다. 남편과 자식에 대한 애착이 절대적입니다.

*태어난 시가 빠진 년.월.일의 삼주만 입력합니다.

위대한! 편관+정인 여자입니다.

*이 사주는 생일날인 일지가 편관인 편관 여자 사주입니다. 그리고 생월인 월간이
　정인을 가진 여자로 편관의 성향과 정인의 강한 모성애의 소유자로 가장 이상적인
　여성의 모습이며 누구나 좋아하는 이상향적인 매력의 소유자 입니다. 남자들이
　원하는 최고의 여자 사주입니다. 인기짱!

*편관 여자는 자존심이 강하다. 본인이 가볍고 천하게 보이는 것에
못 견뎌한다. 그래서 지키려고 하고 그래서 참고 견딘다.

결혼운

사주는 과학입니다.   사주는 통계학의 빅데이트 입니다.

정관 여자
동네에서 시집 제일 잘 가는 여자

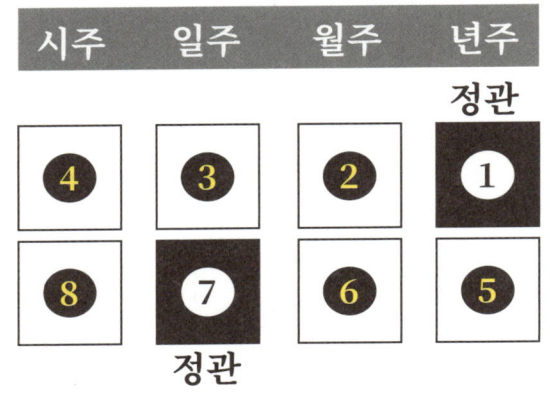

시주	일주	월주	년주
			정관
④	③	②	①
⑧	⑦	⑥	⑤
	정관		

*천을귀인 만세력 앱을 열고 태어난 년,월,일,시를 입력해서 확인해 보세요!

1. 7번 위치에 정관 여자는 시집 잘 갈 확률이 70% 입니다.
2. 1번 위치에 정관 여자는 시집 잘 갈 확률이 90% 입니다.
3. 나머지 위치에 정관이 있는 여자들은 전체 사주를 봐야 합니다.

*사주 십성중 정관, 편관 글자는 여자 사주에서 남자 운입니다.
*정관은 바름, 규칙의 성향을 가지며 감투욕이 있습니다.
*정관 여자는 남자의 돈과 명예를 보고 결혼하며 특히! 정관이 강한
 여자는 외모를 중요시 하지않고 오로지 능력만 보고 남자를 선택합니다.

*태어난 시가 빠진 년,월,일의 삼주만 입력합니다.

나! 정관 여자야

*이 사주는 배우 손예진님 삼주이며 월간이 정관이고 년주가 간여지동의 뿌리가 있는
정관 여자입니다. 사주 오행중 금이 정관이면 결정된 재물이 따르는 정관격 사주
입니다. 이 사주는 태어난 년에 정관이 강하여 정관의 범위가 국가적으로 넓게 퍼져
나가는 강력한 정관 여자 이므로 시집을 아주! 잘 가는 여자 사주입니다.

*정관 여자는 남편을 최고의 위치로 성공 시키는 능력자 이고
자식을 훌륭하게 키우는 신사임당 같은 여자입니다.

영화 시나리오:환경먹는 좀비

1장: 서기 2018년
도시:
쓰레기통에 살면서
쓰레기를 치운다.
인간:
인간이 타는 말이 내뿜는 연기를
인간이 마신다.
음식:
중금속에 오염돤 식사로
평균수명은 30세이다.

2장:
하늘:
구멍 난 하늘은 호흡이 숨가쁘다.
썩션 썩션 썩션 가망이 없다.
가뭄:
지구 평균온도 50도이다.
땅은 갈라지고 농작물은 거의
재배 불가하다.
동물:
숲속의 동물들은 인간을 역습한다.
사망자 속출한다.

3장:
절망:
지구상에 마지막 남은
자연을 차지하기위해
사투를 벌인다.

후회:
지난날 자연을 그리워해보지만
이미 늦었다.

환경먹는 좀비:
자연의 두 얼굴인 좀비 자연이
인간을 공격한다.
감염자는 죽은 고목으로 변한다.

4장:
자연행:
한번 생명을 잃은 자연은
다시 살아나지 않는다.
자연행 차표는 환불이 안된다.

200년 미래에서 온 남자:
마지막 남은 생존자 남여에게
인공호흡을 시도한다.
다행히 둘 다 살았다.

태초의 자연:
200년 미래에서 온 남자는
남여를 인류이전 과거로 데려간다.

창조:
남여둘을 인류가 아닌
새로운 DNA를 몸속에 주입시킨다.

우주:
우주1차원 생각하는 공간이
지구를 새로운 행성으로 재창조한다.

5장:
2018년 환경먹는 좀비 영화는 흥행에 실패했습니다.
인간은 아무도 관람하지 않았습니다.
인간외 생명체만 관람하고 있습니다.

파란 하늘

초록빛 숲속

푸른 바다는 늘 우리 곁에 머물러있지 않습니다.

영화 시나리오:퇴마사 히어로 5

히어로1(황진이):만신 무당
히어로2(아난다):티벳 고승
히어로3(유노):사제 수녀
히어로4(아크라):피라미드 제사장
히어로5(핫산):무슬림 울라마

**명 당
내서리 463**

악귀1:예수로 위장
악귀1:부처로 위장
악귀3:파라오로 위장
악귀4:무함마드로 위장
악귀5:성모 마리아로 위장

풍수지리로 소백산과 속리산이 만나는 최고의 명당인 문경시 화북면 내서리 463
이곳에서 모든 히어로들의 파워 아이템을 장착한다
황진이는 1200살 오동나무로 가야금을 만들고 내서리 463명당에 있는
치마골 닥나무로 만든 한지로 부적을 준비한다.
아난다는 463명당에 1500살 은행나무로 목탁과 염주를 만들고 인도에서 가져온
부처님 진신사리를 목탁에 넣어 쌍절 목탁을 준비한다.
유노는 내서리 463명당의 용천 약수에 뿌리내린 2000살 향나무 가지로 십자가를
만들고 향나무에 사는 백로 깃털로 천사의 날개를 준비한다.
아크라는 463명당 근처 장구목에 사는 황금 칠점사의 독을 자신의 코브라에게
먹이고 대대로 내려오는 파라오 황금 어금니를 용천수에 넣고 독수리에게
그물을 먹인다.
핫산은 463명당 근처 아홉사리에서 300년 묵은 산삼을 먹고 100살 먹은 백색털
족제비 가죽에 코란을 쓰고 그 기운으로 코란을 읽는다.

악귀1 예수는 사람들에게 십자가에 대못을 박아 피의 저주를 내린다.
악귀2 부처는 사람들에게 뼈를 다 꺾어 버리는 저주를 내린다.
악귀3 파라오는 사람들에게 마약으로 환각 상태를 만들어 스스로
자살시키는 저주를 내린다.
악귀4 무함마드는 사람들에게 붉은박쥐 바이러스에 감염시키는 저주를 내린다.
악귀5 성모 마리아는 슈퍼 울트라 박테리아를 메뚜기떼에게 주입하여 사람들을
뼈도 안남기고 사라지게 만든다.

파미르고원에서 대결,사하라 사막에서 대결,아프리카 탕가니카 호수에서 대결
뉴욕에서 대결,서울에서 대결,요단강에서 대결,백두산에서 대결,K2에서 대결

황진이가 백두산 천지에서 금잉어의 금비늘 신을 신고 물위에서 굿판을 벌리고
유노가 천사 날개로 날아올라 광개토 대왕을 깨워서 지원군으로 초대한다.

아난다의 저음 연불 주술과 아크라의 독수리가 날아올라 카이사르를 깨워서
지원군으로 초대한다.

아귀들도 힘을 모아 고대 외계인 아눈나키를 깨워서 불러 들인다.

戌 상관

태어난 월에 지지 술토 상관의 재능으로 살아 갑니다, 병술 일주로 병화 겁재가 화생토 기운으로 술토 상관의 힘이 강해집니다.

卯 편인

일주가 정묘로 애교있고 감각적인 사람입니다. 편인은 자기 색깔이 강한 사람이며 매니아틱하고 덕후 기질이 있습니다. 두뇌회전이 좋고 총명한 사람입니다.

킴 카다시안

킴 카다시안님 사주는 태어난 년인 경신이 간여지동 정재격 사주로 큰 부자가 될 운명입니다.

정재

庚 申 정재

지장간에 임수가 있고 월주 지장간에 정화가 있는 정임랍 사주입니다. 정임합은 갑작스러운 남녀합 으로 임신과 연관이 있습니다.

壬 정관

He.서하진의 **한줄 에세이. .**

킴 카다시안님의 현재운은 현재 2025년 신사 대운의 길운이 흐르는 시기로 향후 몇년은 안정적인 시기 입니다.

샴 웨스트

막내 아들 샴 웨스트는 식신격의 사주로 일간 정화를 생하는 구조로 특히 월지 사화 겁재의 치열한 운은 지장간에 갑목,을목 인성이 있고 대운에서 40년간 목의 정인,편인의 인성이 흐르는 성공하는 사주입니다. 겁재를 이기는 운은 큰 성공 이며 기축년 해수 정관은 세계적으로 이름이 알려지는 명예를 가집니다.

일간(나)	식신	식신
丁	**己**	**己**
未	**巳**	**癸**
식신	겁재	정관

킴 카다시안님의 미래운은 54세 경진 대운에 10년 운은 진토가 년지 신금과 신자진 물바다로 물로 불을 끄는 형국 으로 다소 침체기가 옵니다.

34세 임오 대운

壬 午 상관

2013년 2015년 2018년 2019년 4명의 자녀가 정임한 대운의 식상 운에 태어났습니다.

임오 대운에 정임합으로 임신 출산하였습니다.

정임합

2026년,2027년 2029년에 연애운이 있으나 신사 대운이 끝나는 2031년 2032년에 강한 인연이 있습니다. 목기운을 가진 토끼띠, 범띠 남자와 해묘미, 인오술 인연이 강하게 있습니다.

추천 음악 . .

보아님 에게 아드린느를 발라드를
개운 음악으로 추천드립니다.
이 곡은 어린 딸을 위해 작곡한 아빠 마음의
곡 입니다. 어린 시절 꿈을 위해 힘든 시절을
보낸 아픔을 위로하는 추천곡입니다.

정재

이 사주는 태어난 년에 천간이
병화 정재로 재물운이 강하면서
안정적인 사주입니다.
지장간에 병화,정화가 목생화
화생토로 재물운이 더 두터워집니다.

무인성

보아님은 삼주에 금이 없는 무인성 사주입니다.
일찍 가족과 떨어져 독립적인 삶을 살게 됩니다.
관이 많고 무인성이면 사람 구설수가 따라서
시기,질투를 받는 기운으로 인복이 약한 팔자입니다.
인목 상관이 관을 다루긴 하지만 관이 너무 강합니다.

작가의 말: 안녕하세요
보아님 곧 찬바람이 나면
건강 잘 챙기세요
보아님은
정관격의 멋있는 사주를
가지신 분이십니다.
2025년부터 큰 운이
시작된 길운의 시기
입니다. 갑오 대운에
인오술 합이 오면서
명확한 배우자운이
온 대운입니다.
관이 많으신 분이라
결혼에 대한 열망이
많으실텐데 이제 곧
인연이 오니
걱정하지마세요
빛나는 시절을 행복하게
잘 보내시길 바랍니다.
찬란하게 빛나는 별처럼
언제나 그자리에. . .

보 아

결혼 . .

39세 갑오 대운에 결혼 운이 왔습니다.
지지에 인오술과 사유축 삼합으로
인연이 있습니다.
2030년 경술 대운이 관인 상생으로
결혼하기에 좋은 해입니다.

관성혼잡

일간	정관

	戌
편관	정관

가수 보아님은
일간 계수를 관성이 둘러 싸고 있는
관성 혼잡 사주입니다.
태어난 대운이 무술 대운으로 정관격
대운에 월주가 정관격의 관이 강한
사주입니다. 이런 사주는 어리지만
애늙은이 소리를 듣고 일찍 성숙한
정신력을 가지는 팔자입니다.
정관,편관의 바름과 규칙을 추구하면서
고통스러운 힘든 일이 닥쳐도 이겨내는
힘이 강한 일지 편관 여자입니다.

가족 이별

29세 을미 대운에 미토 편관이 오고
2021년 36세에 신축 세운에 축토 편관이 왔습니다.
12운성 묘지인 공동묘지운과 살인 상생운에
가족을 떠나 보냈습니다.

He.서하진의
아트 칼럼 Book

드리는 창작시 : 당신은 마법사인가요

향기로운 시간을 조정하는
당신은 향기 마법사인가요

꿀물의 달콤함을 가진 꿀벌을
부르는 당신은 달콤 마법사인가요

보아요 보아요 당신은 아름답잖아요
안아요 안아요 나를 보아요
사랑스러운 사랑 마법사이군요

찬란한 우주에 보석을 뿌려요
반짝반짝 별빛을 빛나게하는
당신은 별빛 마법사인가요

걱정하지 말아요 당신곁에는
언제나 마법사가 함께해요
그냥 미소를 띄고 살면 되어요

He.서하진

유명인 사주로 공부 하기

구혜선

구혜선님은
정인의 모성애가 있고 일간
정화를 가진 따뜻한 사람이며
정관의 올곧은 사람입니다.
무엇보다..
편인의 측은지심으로 세상을
바라보는 사람입니다.
이런..그녀를 응원합니다.

일간

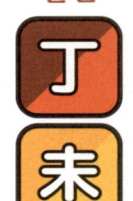

식신

배우 구혜선님은..
정미 일주로 붉은 양의 일주
입니다.
미토가 식신에 놓이고 12운성
관대지가 오는 일주로
12신살중 양인살에 해당되는
불의 강한 에너지를 가진
기운쎈 일주입니다.
식신의 말빨과 미각 또한
뛰어난 미식가들이 많습니다.
정화일간에 홍염살로
미인들이 많은 일주입니다.

정미일주는 양인의 기운과 식신을
제어하는 인성이나 관성이 오면
밸런스가 좋아지는 일주 입니다.

편인 정인

그래도 괜찮아..

태어난 년의 천간 정인과 생월에 편인인
목의 인성은 공부과입니다.
책과 함께하는 총명한 사람입니다.
목의 인성인 갑목,을목이 나란히 병존
입니다. 탁월한 천재형 인간입니다.
갑목 정인은 소통을 잘 하고 편인은
측은지심의 마음이 있습니다.
지지의 해수,자수와 수생목으로
관성의 명예로 관인상생하는 사주
입니다. 성공하는 삶입니다.

TO.구혜선

그녀에게.. 위로를 전하다

해월생 구혜선님은 추운 겨울의 시작에 태어났습니다.
다행히 정화 일간으로 따뜻한 불 기운을 받았습니다.
문제는 월지 해수가 정관이고 갑자년생 자수가 편관입니다.
정관과 편관의 관성이 나란히 병존입니다.
올곧고 바른 사람입니다. 예의 바른 분입니다. 허나. 이 관성이
수의 차가운 성질을 가지면서 흉운으로 작용하는 때가있습니다.
융통성 없이 꽉 막힌 사고를 가질 수 있습니다.
더 큰 문제는 천간에 목기운의 인성과 수생목 하면서 인성의
두뇌로 강한 관성의 가치관과 철학을 그대로 흡수해 버립니다.
자아가 더 강력해 지는 것입니다. 바른 소리하는 사람입니다.
문제가 있는 것이 아닙니다. 이치에 맞는 말과 행동이 잘못된
것이라고 할 수는 없습니다. 융통성이 사회생활에서 필요하지만
남들이 그렇게 말하고 행동 한다고 윤리적인 도리에 어긋나게
살 수는 없습니다. 맞습니다. 정관,편관의 바름과 규칙을 일부러
깰 필요는 없습니다.

편인

이지점입니다.
편인..생월에 을목 편인입니다.
내 취향이 명확한 매니아적인
나만의 시선이 편인입니다.
편인은 내 방식으로 세상을 바라보고
내가 좋아하는 것만 좋아합니다.
이것은 내가 싫어하는 일과
사람을 너무 싫어하는 편향된 편인입니다.
구혜선님은 자신의 을목 편인을
스스로 바라 보면서 조금씩 버려야합니다.

사피엔스를 꿰뚫다

관인상생의 최고 위치인
인성은 편관의 대의를
위한 희생을 부추깁니다.
희생을 조정하는 자가
인성이고 사피엔스입니다.

-He.서하진

편인은
스스로 가진 측은지심을
세상에 펼칠 때입니다.
인간을 위한 과학이 아닌
지구환경을 위한 것들로..

김영하

드리는 글: 지금 몇시 인가요

문을 열고 나갔다 구름이 아름답다 낯선 사람을 만났다

나에게 물었다 지금 몇시 인가요 예 낮 2시 입니다 아 감사합니다

그의 몸에 시계는 목걸이 시계 1개 왼팔에 2개 오른 팔에 1개 주머니 1개

그리고 각각 시계에 시간을 낮 2시로 맞추고 흔적도 없이 사라졌다

그의 시계 5개는 1.과거 2.현재 3.미래 4.과거와현재 중첩 5.현재와 미래 중첩

그는 시간을 움직이는 절대자이다

암 기 하 다

월간 편인
월지 정인
수의
간여지동은
감수성이며
자유로운
상상력과
두뇌를
활용하는
능력이
뛰어난
사주
입니다.

바름

申

김영하 작가님은
태어난 년의 지지에 신금 정관은 바르고
올곧은 사람이며 일지 유금 편관은 국가의
헌법적인 규칙이며 큰 명예를 얻게 됩니다.

정재

태어난 년의
천간이
무토 정재로
재물을 모으는
힘이 강한
사주로
년간에 정재가
유일하게
위치하여
국가적인 범위의
재물을
취하는 사주
입니다.
평생 재물이
따르는 팔자
입니다.

TO.김영하
역마는 여행이다.
시간은 일기장이다.
기억은 공간과의 교감이다.

김영하

차에 타실래요 괜찮습니다 타세요 이동수가 왔어요 지금 힘드시죠

해수는
큰 물, 큰 바다
입니다. **바다**

태어난 생월인
월지 해수가
바다를 건너가는
이동수 이며
년지 신금
또한 이동수입니다.
역마로 시작된
사주이며 금생수로
역마의 삶입니다.

10년 운이 바뀌는 교운기입니다 곧 좋아지실 거에요 타세요 빨리 좋아질 거에요

기 억 하 다

일간	편인	정재
乙	癸	戊
酉	亥	申
편관	정인	정관

*태어난 시를 모르니 삼주로 표기합니다.

기억하고 생각하는. .
이 사주는 태어난 생월의 인성형 사주이며
머리가 총명하고 기억력이 좋습니다.
기억하고 상상하는 힘이 일간 을목을
금생수하여 나의 무기가 되는 사주입니다.

TO.김영하
김영하 작가님 사주는 생월에 인성을 강하게 쓰는 사주로 작가적 상상력이 풍부한 모습입니다.
수는 감수성의 정신 코드로 작용하여 예술적 염감에 도움이 됩니다. 하지만 금이 강한 구조로
수를 만나서 금생수하여 수의 성질이 더 강해지면 정신적 힘듬이 발생하는 운이 올 수 있습니다.

시간은 없다
공간의 변화이다
순환의 불규칙이 우주이다

-He.서하진

사피엔스를 꿰뚫다

김혜수

戊 甲 庚
갑무경 삼기성

배우 김혜수님은
천간 삼기성 사주로 갑무경은
끝없이 높이 올라가는 팔자로
크게 명예를 가질 형국입니다.

편관
甲

일주동물·황금 쥐

戊
子

무자일주는
일주동물이 황금 쥐입니다.
물상은 무토의 큰 산에
자수 옹달샘이 있는 모습
입니다. 무자는 태지에 놓여
엄마 뱃속의 태아 상태로
보호받는 모습입니다.

子
정재

생일날인 자수는
도화의 글자로
섹시한 매력의
사주입니다.
또한 자수는 물의
감수성이 있는
사람으로 예술적
표현에 염감을
주는
모습입니다.

식신
庚

申
식신

일생에
먹을
복이
있는
사주
입니다.

태어난 년에. .
경금 식신이 월지에
지지 신금으로
뿌리를 둔 사주로
식신이 강한 구조로
손과 발의 재능이 강한
식신격의 사주입니다.
금의 식신으로
운동 분야에
소질이 있고 연기자로서
탁월한 재능이 있는 구조
입니다.

TO.김혜수

엄마자리 갑목 편관이 일간
나를 치는 칠살이지만 편관의
큰 명예는 59세 이후 무인 대운에
인목의 편관이 뿌리를
내리면서 세계적인 배우로
월드 스타 반열에 오르게 됩니다.
편관은 대의적인 삶을 추구하며
위인이 되는 갑무경의
하늘이 내린 사주 형국입니다.

배우 김혜수

사피엔스를 꿰뚫다

호모 사피엔스 사피엔스는
지혜롭고 지혜로운 인류를
말합니다. 사페엔스의 지혜는
사주 십성중 인성을
말하며 그 중 편인의 성향이
강한 사람을 말합니다.
편인은 총명하고 암기력이
뛰어나며 생각하는 인간형
입니다. 하루종일 생각하고
또 생각합니다.
하지만 그 생각의 과학은
지구환경을 파괴했습니다.

-He.서하진

드리는 창작시:

님 향한 아리아

꽃잎은 떨어져 물 위에 흐르니
내 마음은 갈 곳이 없소

젖먹이 아이는 품 안에 잡들고
달빛은 구멍 난 창호에 맺혀있었구나

정화수 장독대에 두 손 모아 비는
간절함은 코끝에 시림이 아련한
님을 향한 마음일세

오세요 오세요 언제 오세요
어디쯤 오세요 아니 오시며 내 마음
가렵니다

흰 쌀밥에 노릇노릇 자반 뼈를 발라
올려 드리고 싶소흰 눈 내리는 날
님에게 애이는 마음은
죽어도 일편단심입니다

찬 바람 얼음 녹은 발래터에
방망이질 하니 등에 업은 아이는
자라 제름에 오고 봄날은
버들가지에 피었소

온다는 약속에 흰 구름 두둥실 뜨고
몽글몽글 내 마음에 고운 입술
닮으니 홍시 같은 얼굴빛이 되었소

He.서하진

정재　　식신

식신생재

일지 정재와 월지
신금은 식신 생재의
구조로 평생 돈이
마르지 않고
돈 버는 기계처럼
재물을 버는데
어려움이 없는
사주입니다.

술토 여자

경술생 여명에서..
술토는
가을 여자입니다.
술토는 화개살로
마녀와 같은 매력의
소유자입니다.
화개를 가진 여명은
몸매 미인이 많습니다.
양력11월인 늦가을
술토는 천간의 경금과
토생금으로 조화롭습니다.

결혼..

이 사주는 식신합살이
강한 여자 사주로
일지 배우자 자리 정재와
상관없이 결혼운이 막혀
있습니다. 갑목 편관 남자
운은 59세 무인 대운에
강해지면서 그 운이 옵니다.
신자진의 진토 남자 일수
있으나 신금이 지지에 있고
인오술 삼합의 인목 남자일
가능성이 높습니다.
정관 남자로 오면 토끼띠
남자입니다.

무
자
식
이
　
상
팔
자
·
·

배우 김혜수님은
자식
부모
배우자
운이
불리한
일생
입니다.
또한.
무인성 사주로
가족과의
인연이
깊지 않은
팔자로
태어 났습니다.

추천 음악:달빛-클로드 드뷔시

무자일주 무자식

무자 일주는
말 그대로 자식이 없는
팔자입니다. 자식운이
약한 일주입니다.
12운성 태지는 뱃속의
태아 상태를 말하며
자수 정재는 부친이며
어린 시절 부친의
부재인
팔자가 많습니다.

작가의 말: 안녕하세요 김혜수 배우님
2025년 이 시기는 큰 운이 바뀌는
때입니다. 사실 49세 기묘 대운에
결혼 운이 왔습니다. 이 대운의
끝자락인 25, 26, 27년에 화의 인성으로
인연이 나타납니다. 이 시기에 만나는
인연과 2029년, 2030년에 결혼운이
있습니다. 아마도 25, 26, 27 이 삼년에
여려명의 인연이 올 가능성이 높습니다.
정인,편인의 용신의 귀인이 배우자로
오게 됩니다. 직업운 또한 좋은 길운이
함께 움직이고 있습니다.
아무쪼록 좋은 길운의 시기에 행복하고
건강하세요

서현진

드리는 창작시:배우 서현진

빛나는 보석은 봄날 아침 풀잎에
맺힌 이슬입니다
나의 생각은 그 이슬을 머금은 꽃향기입니다
춤추는 태양빛에 나의 창은 눈부십니다
나의 로미오 난 설레이고 거울 앞에서 춤추고
있습니다 백마가 창가에 오면 난 날아 오를 겁니다
저 세상 끝가지 서현진은 창공으로 날아오릅니다

일간

편재

일주동물:붉은 닭

정유일주는 여자는 일지가 편재인 재물복이
많은 일주이며 유금 보석을 정화 불빛으로
비추는 보석이 빛나는 사주입니다.

배우 서현진

보석사주

상관   **편인**

정인   **식신**

식상과 인성이 대가선 구도로
귀격 사주입니다.
년지가 축토 식신이고
월간이 무토 상관으로
손,발,입의 재능으로
타고난 연기자입니다.

배우 서현진님은..
식신의 연기력과 상관의 화술로 예술적 재능이
뛰어난 사주 구조입니다.
특히! 연기자에게 식신은 절대적인 사주 십성
입니다. 연기파 배우가 갖추어야할 사주 형식
입니다. 년지 식신은 더 강하게 작용합니다.

재극인

일지에 유금 편재의 재성과 년간에 을목 편인과 월지에
인목 정인이 만나는 재성과 인성의 결합이 재극인
입니다. 재극인은 제테크 사주로 부동산 매매,주식등의
재물을 취하는 행위를 함에 머리를 쓰고 인복이
따르는 운을 말합니다. 허나 이 재극인 운이 넘치거나
운이 나쁠 때는 도박성 재물활동으로 재물을 손실하는
흉운이 발생하게 됩니다.

도식

도식은 하는 일 없이 놀고 먹는 팔자로 백수나 거지팔자를 말합니다. 정인이 식신을 극하여 식신의 활동을 묶어
버리는 형국입니다. 그러나 이 사주는 을목 편인이 도식을 약하 시키고 일지 편재가 금극목으로 월지 인목과
재극인하여 오히려 재물 활동운이 강해지는 사주 구조입니다. 식상이 도식을 피해 살아나는 사주입니다.

편관

상담: 서현진님은 42세 계미 대운에 결혼 운이옵니다. 2026년 대운이 바뀌는 편관운에
연애,결혼 운이 강합나다. 그 디음은 편관 해인 2033년 49세 계축년입니다.

여자 무관 사주인 이 사주는 42세 계미 대운에 토극수로 계수가 편관으로 오는 편관 대운
입니다. 무관의 편관운은 특별히 조심해야 하는 흉운이 오는 시기입니다.
특히! 2027년 정미년은 인미 귀문관살이 작용하고 2032년 임자년은 자유 귀문관살이 작용
합니다. 정화 일간인 화 일간의 무관 사주는 수의 편관 대운은 특히! 건강에 조심해야 합니다.

이민영

마음씨 좋은 이민영님..

황금 쥐

일간

정재

무자일주

배우 이민영님은
무자 일주로 일지
동물은 황금 쥐이며
물상은 무토의
큰 산에 자수의
작은 옹달샘이 있는
형상입니다.
무토의 큰 산처럼
마음이 어질고
이해심이 많은
사람입니다.
자수 정재는 꼼꼼한
성격의 소유자로
일주에 비인살은
예리하고 섬세한
면모가 있습니다.

식신

편관

여행..

이민영님은
태어난 생월에
경금이 식신으로
손과 발의 활동성이
좋은 사람입니다.
경금의 식신이 일지
자수와 금생수하여
식신생재가 되니
정재의 목표를
가지고 움직이는
사람입니다.
월지 인목이 역마의
기운이므로 평생
이동하는 직업을
가지는 팔자로 경금
식신이 일간 무토의
생을 받아서 움직이는
역마의 기운으로
여행을 좋아하는
사주입니다.

천사 이.민.영.

편인

丙

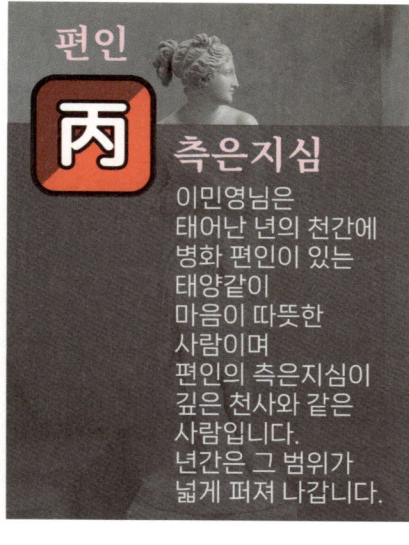

측은지심

이민영님은
태어난 년의 천간에
병화 편인이 있는
태양같이
마음이 따뜻한
사람이며
편인의 측은지심이
깊은 천사와 같은
사람입니다.
년간은 그 범위가
넓게 퍼져 나갑니다.

배우 이민영

寅

편관

이민영님은
태어난 월의 지지가
인목 편관으로 편관 여자 이니
편관 남자운이 있는 팔자로
가부장적인 남편운이
있습니다. 또한 편관 여자는
보수적이고 결혼에 대한
책임감이 강한 여자입니다.
편관 여자는 스스로 관을
깨어서 이성에 대한 개방적인
가치관을 가져야지 남자운이
좋아집니다.
인오술 삼합 인연 보다는
신자진의 인연중 생지인 지지
신금 남자 즉! 월지에
신금이 있는 남자와
인연이 있습니다.

드리는 창작시: 이민영님께
"미소를 싣고 달리는 버스"

버스에 마음을 싣고 달리는
기분은 상쾌하고 산뜻합니다

나를 찾지 마세요 나를 잊어주세요
기러기떼 가운데 그 어디쯤 내가 있어요

구름을 만나면 솜사탕이라 말해줄래요
달콤함은 이미 나의 것입니다

년주에 화개살과 홍염살이 있으며
일지에 자수 도화살이 있는 전형적인
3콤보 미인입니다. 자수의 섹시함이
넘치고 화개의 몸매가 좋으며 홍염의
애교가 사랑스러운 매력적인 미인입니다.

난 옳고 그름을 알고 있어요
나는 달릴 거에요 이미 난 백마를 타고
있어요 그리고 날 보면 웃어주세요

나의 태양은 12번 뜨고 120번 뜨고
지고 있어요 나의 열정은 뜨겁습니다

황금 버스는 황금 정류장에 도착하고
나의 가방에는 황금이 가득합니다
그리고 미소는 나의 인사요
나의 삶 이에요

He.서하진

사피엔스를 꿰뚫다

상담 :

결혼운, 연애운은
지지 인연법으로 궁합을 본 후에
인연을 맺어야 합니다.
외모가 내 스타일이 아닐지라도
궁합과 인연이 좋으면
일단 관계를 시작을 해보시는게
현명합니다. 궁합이 좋다는 것은
시간이 지날수록 좋은 관계가
된다는 뜻입니다.

이민진

작가:이 민 진

계수의 고운 빗방울..

편인

癸

태어난 생월의 천간이
계수 편인의 측은지심으로
세상을 바라보는 사람입니다.

바다와 같은 모성애..

亥

정인

월지 정인은 바다와 같은 모성애로
역사를 바라보는
따뜻한 마음의 소유자입니다.

계
수
·
해
수
·
여
인.

41세 무오 대운인 2017년 정유년에 대운 오화의
천간인 정화가 오고 식신이 용신으로 오면서
세계적인 작가로 발복 했습니다.   **30년 용신운**

	편인	정재
乙	癸	戊
酉	亥	申
편관	정인	정관

그녀에게 역사란 대한민국이란 낭만을 흩뿌리는 빗물이

대
지
를

품
은

바
다
와

같
다.

무계합

년간이 무토이고 월간이 계수로
무토의 큰 댐에 물을 가두는
사주로 재물 사주입니다.
무토의 정재는 큰 부자 사주
입니다.

관성여자

년간이 신금 정관이고 일지가
유금 편관으로 의롭고 대의적인
삶을 추구하는 사주 입니다.
정관, 편관이 생월의 인성과
관인상생하는 크게 될 팔자
입니다. 또한 무토와 금의 관성이
재생관하여 돈과 명예를 가질
팔자입니다.

이세영

 庚
 午

백마
경오일주
배우 이세영

 午 정관
 子 상관

상관 견관

상담 : 이세영님의 사주에서 오화 정관 배우자의 운명이 위험한 구조로 홀로 될 수 있는 팔자 입니다. 그러나 궁합을 통해서 잘 맞는 남편과 결혼하면 문제가 없습니다. 정관,편관의 관성이 강한 남자와 결혼하면 문제가 없습니다. 궁합!

정관 여자

시집 잘 가는 정관여자.. 그러나 월지 상관이 일지 남편을 극하는 상관 견관이 작용하는 형국입니다.

일주 동물
백마 경오일주
책임감
리더십
용맹함
·
일지 정관으로
바름,올곧음
·
이순신 장군님과 같은 일주입니다.

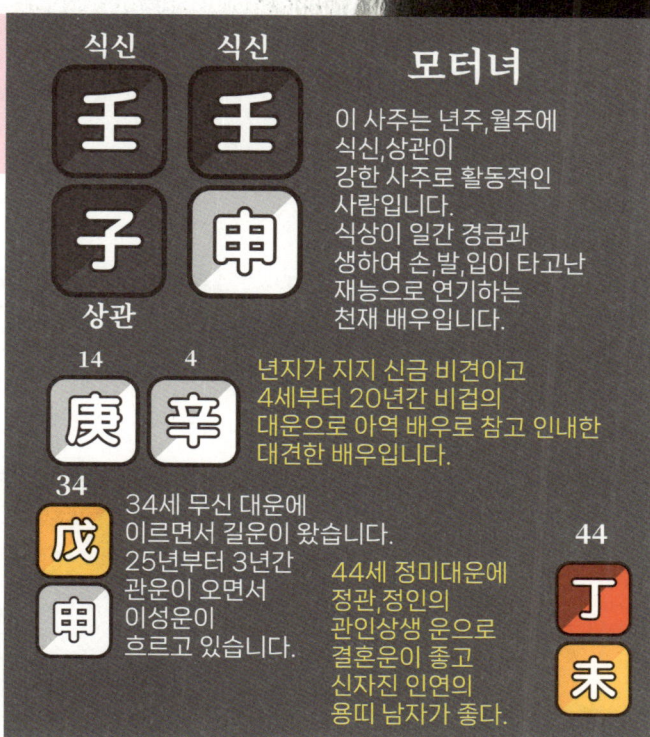

모터녀

식신 壬 · 식신 壬
子 · 申
상관

이 사주는 년주,월주에 식신,상관이 강한 사주로 활동적인 사람입니다. 식상이 일간 경금과 생하여 손,발,입이 타고난 재능으로 연기하는 천재 배우입니다.

14 庚 · 4 辛

년지가 지지 신금 비견이고 4세부터 20년간 비겁의 대운으로 아역 배우로 참고 인내한 대견한 배우입니다.

34 戊 申

34세 무신 대운에 이르면서 길운이 왔습니다. 25년부터 3년간 관운이 오면서 이성운이 흐르고 있습니다.

44 丁 未

44세 정미대운에 정관,정인의 관인상생 운으로 결혼운이 좋고 신자진 인연의 용띠 남자가 좋다.

이청아

시나리오

가로수 길 도서관에
한 여자가
오후 2시 57분에
나타났다.
그 시간은
그 여자가 태어난
시간이다.
가방에는 탁상용
알람 시계가 있다.
17시 35분에
알람이 울리면
자리를 떠난다.
해지는 시간이다.
그녀는 항상 일몰
시간에 꿈을 생각하며
초코렛으로 그림자를
땅바닥에 그린다.
그림자 속으로
사라진다.
도착한곳은
서기.2511년
지구이다.

　-그림자 타임머신

태어난 시간 암호 일몰 시간

추천 음악: 모나코 -장 프랑소와 모리스

바른 사람

정관

태어난 년의 지지 자수가
정관으로 바르고 올곧은 사람
입니다. 또한 정관 여자로
시집 잘 가는 여자 팔자입니다.
허나.
지장간에 임수 편관 남자가 숨어
있습니다. 신자진의 진토 용띠와
인오술의 사화 뱀띠와 인연이
있습니다.

편인　편인

배우 이청아님은
태어난 년의 천간과 월간이
갑목으로 편인 병존입니다.
일명 도서관 사주입니다.
책을 좋아하는 사람입니다.
편인은 머리가 총명하고
암기력이 좋은
공부과 입니다.
일간이 병화로 갑목의 나무가
자라기 좋은 형국입니다.
그래서 목재 가구도 좋아하는
성향의 사주입니다.

ehtjrhks 이

ehtjrhks 청

ehtjrhks 아

결혼..37세 경오 대운의 끝자락
인오술 삼합 인연에 유금 남자
46세 기유년 해수 편관 남자로
돼지띠와 갑기합의 인연으로
연애,결혼운이 있습니다.

사피엔스를 꿰뚫다
사피엔스를 꿰뚫다

나무는 책상도 주고 책도 준다.
초코렛 향이 나는 도서관에는 청아도 있다.
도시락 들고 온 고시생도 있다.
ehtjrhks 에는 사피엔스가 있다.
산소값은 오늘도 외상이다.

　-He.서하진

가을 마녀

술토

태어난 월의 지지 술토는 화개살로 숨겨진 다양한 매력의 가을 마녀 사주입니다. 화개는 몸매 미인이며 현침살로 꼼꼼함이 손끝에 베어있는 사람입니다.

여행

申

일지 신금은 역마의 기운이며 지살은 해외 이동운이 팔자에 있습니다. 여행하는 삶은 숙명입니다.

사피엔스 상담소

이 사주는 편인이 병존인 사주로 편향된 사고를 하는 덕후기질의 삶을 살게 됩니다. 그 성향이 고집이 되면 유두리가 없는 자아가 강해지면서 소통의 부재가 발생 합니다.

상담 : 병화의 붉은 꽃을 가까이 두면 따뜻하고 향기로운 사람이 됩니다.

丙

일간 병화는 태양을 상징하여 따뜻한 햇살같은 여자로 붉은 장미처럼 향기로운 열정을 가진 여성입니다.

배우 이.청.아.

편인 **편인**

종격 사주

배우 이청아님은 목생화의 구조로 천간에 합과 충이 없는 종격 사주입니다. 귀격 사주로 삶에 큰 고통이 없이 깃털처럼 순탄하게 살아갈 팔자입니다.

돈 버는 기계

편재 **식신**

월지 술토와 일지 신금이 토생금으로 식신생재 입니다.

식신생재가 되는 사주 구조는 평생 돈이 떨어지지 않는 팔자로 일지,월지에 위치하면 그 힘이 더 강해집니다. 재물복이 좋은 바탕에는 식신의 재능으로 연기력이 뛰어난 배우로서 삶이 빛나는 사주입니다.

子

정관 여자

지수 정관 여자로 시집 잘 가는 여자 입니다. 허나 갑목 편인이 병존으로 정관 남자가 힘을 못써는 구조이므로 결혼을 늦게 합니다.

37세 대운

일간 **편재**

붉은 원숭이

병신 일주는 일지 동물이 붉은 원숭이 입니다. 병화의 온기와 신금의 냉기가 공존하는 일주 입니다. 현실주의자이며 지장간에 임수 편관은 품격 있는 사람입니다.

편재 **겁재**

37세 대운인!

경오 대운은 일주 병신의 천간과 지지가 온 대운으로 일간의 뿌리와 일지 편재의 천간이 완성되는 구조로 재물운이 강하게 도는 시기 입니다. 세운으로 25.26.27년에 일생에 큰 길운이 오는 대운이 작동하는 때입니다.

壬

일주 지장간에 해수 편관 남자가 숨어 있습니다. 돼지띠 이거나 해수가 지지에 있고 편관이 있는 남자와 결혼합니다.

자연주의 본능

사피엔스는
자연에서 태어 났습니다.
년
월
일
시
태어나면서 정해진
운명은..
태초의 자연에
있습니다.
그것은 산소입니다.
맑은 공기는 아기가 원하는
본능입니다.

He.서하진

He.서하진의
아트 칼럼 Book

우리 아이 사주 이야기

우리 아이 사주이야기

태어나면서 흉운이 온다.

대 다수 사람의 사주는 태어나면서 대운이 바뀌는 힘든 시기입니다.
예를 들어 대운수가 3인 사주는 10년 운이 바뀌기 2년전에 태어나면서
흉운이 작용하는 때에 유아 시절을 보내게 됩니다. 말 못하는 아이가
고통을 받게 되는 것입니다.

사주를 태어나면서 동시에 봐야하는 이유!

정인.식신

정인은 엄마의 모성애이고 식신은 아이를 먹이고 씻기고 재우고 놀아주고하는 능력
입니다. 하지만 모든 여자분이 정인과 식신을 가지고 있지 않습니다.
좀 더 냉정하게 생각해야 합니다. 산모중 산후 우울증이 심하거나 유아가 서툰 엄마는
자기 사주를 알아야 합니다. 엄마로서 무엇이 부족한 사람인지 정확히 알아야 합니다.

태어난 아이와 엄마가 반드시..
사주가 같을 수는 없습니다. 엄마의 사주에
정관, 편관이 많고 아이 사주가 무관
사주이면 엄마는 아이를 통제하여
훈육하려는 강제성이 강해지면서 아이는
스트레스를 받게 됩니다.
엄마가 정인, 편인 인성이 강하면 엄마
취향대로 아이를 키우려고 합니다.
하지만 아이가 상관이 강하면 자기 취향이

아이와 엄마의 궁합

분명하고 거부하며 방항하는 행위가
분명해 집니다. 또 아이가 비겁이 강하면
혼자 놀고 싶어하고 자기만의 공간을
원하며 혼자 있고 싶은 욕망이 강해 지고
고집 또한 강한 성향을 나타 냅니다.
운이좋아..
아이 사주에 정관, 편관이 발달하면 어른
스럽고 정재, 편재가 없는 무재 사주이면
우유부단하여 엄마를 잘 따르게 됩니다.

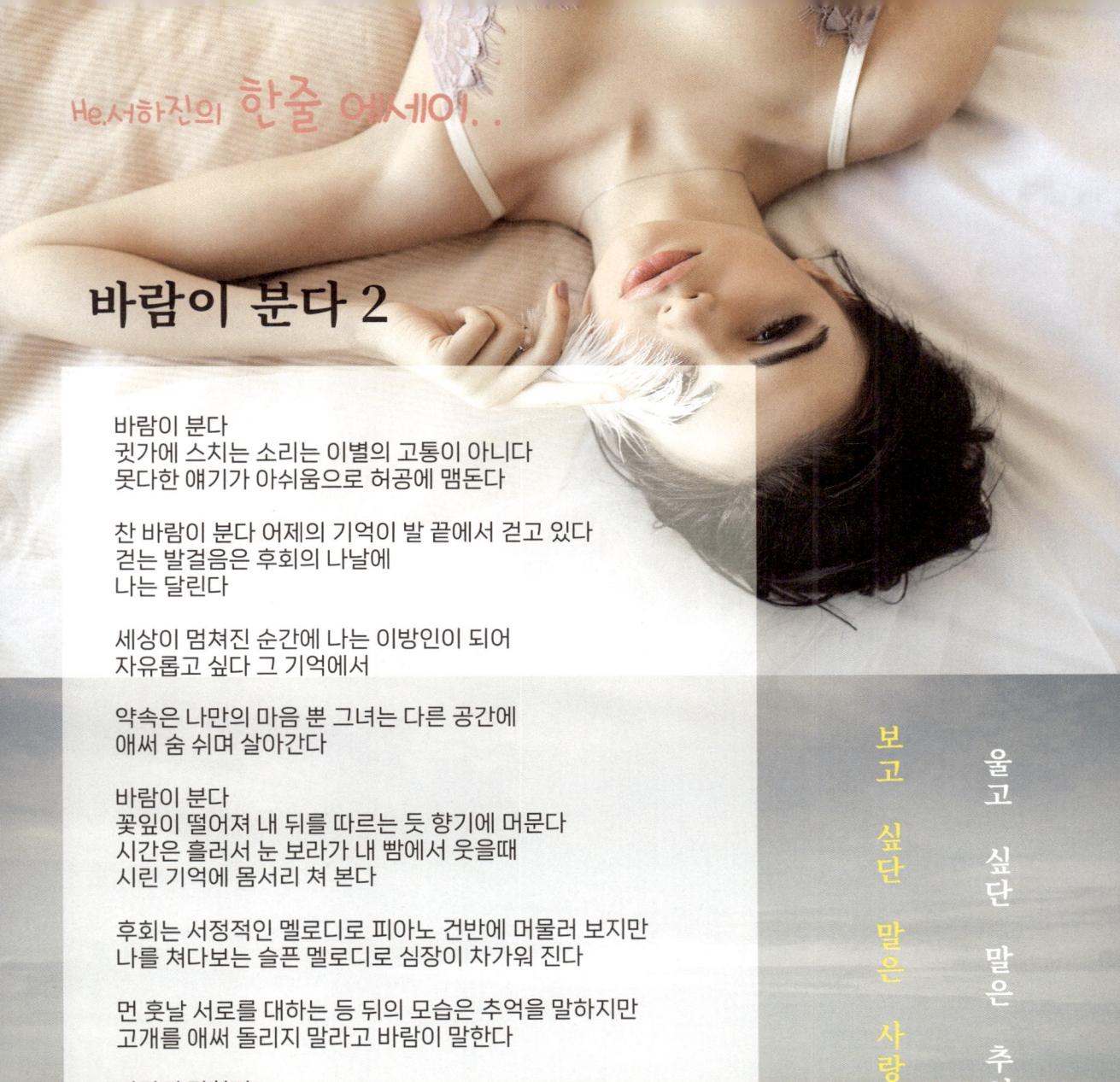

바람이 분다 2

바람이 분다
귓가에 스치는 소리는 이별의 고통이 아니다
못다한 얘기가 아쉬움으로 허공에 맴돈다

찬 바람이 분다 어제의 기억이 발 끝에서 걷고 있다
걷는 발걸음은 후회의 나날에
나는 달린다

세상이 멈쳐진 순간에 나는 이방인이 되어
자유롭고 싶다 그 기억에서

약속은 나만의 마음 뿐 그녀는 다른 공간에
애써 숨 쉬며 살아간다

바람이 분다
꽃잎이 떨어져 내 뒤를 따르는 듯 향기에 머문다
시간은 흘러서 눈 보라가 내 밤에서 웃을때
시린 기억에 몸서리 쳐 본다

후회는 서정적인 멜로디로 피아노 건반에 머물러 보지만
나를 쳐다보는 슬픈 멜로디로 심장이 차가워 진다

먼 훗날 서로를 대하는 등 뒤의 모습은 추억을 말하지만
고개를 애써 돌리지 말라고 바람이 말한다

바람이 말한다
폭풍은 내가 아니고 서풍이 불때면 뒤돌아 나에게로 온다고
시간은 몸을 데리러 가 보지만 시계는 멈쳐진 체 나를 본다

보고 싶단 말은 사랑의 사치이다
가고싶단 다짐은 기차가 멈추지 않고 기억속에서 달린다
잠을 잔 듯 깨고 싶지 않다는 말만 소리친다

바람이 분다
이젠 어제의 내가 아니고 머리칼을 자르고 거울을 볼때쯤
멈쳐진 세상이 나에게 다가와 말한다
잘 지낸다고 걱정해 줘서 고맙단 말만 전하고 바람이 떠난다

울고 싶단 말은 추억에 대한 예의가 아니다

He.서하진

울고 싶단 말은 추억에 대한 예의가 아니다

보고 싶단 말은 사랑의 사치이다.

돈을 위해 기도하는 사피엔스

자본주의와 도시는
사피엔스들이 기도하는 이유이다.

돈은 계급을 만들고
그 계급의 수장은 금융권이다.
오늘도 사피엔스들은
주식,코인에 기도한다.
수녀님!
사피엔스를 위해
기도하지 말아 주세요!
그들은 이미
지옥에 살고 있습니다.
신용도
돈으로 사는 것이고
돈으로 지옥 티켓을
사들이고 있습니다.
수녀님! 이제 우주인을 위해
기도해 주세요!
곧! 멸종합니다.
털 없는 원숭이들..

He.서하진

He.서하진의
아트 칼럼 Book

곧 대박날 로또1등 재물운

로또운

편재:큰 재물,횡재운

만세력에서 대운에서 편재 운이 오고 세(년)운에서 편재 운이
오고 월운도 편재가 오면 일운에서 편재일에 로또를 사시면
됩니다.

비견

甲

일지에
편재가
있거나
월간에
편재가
유일하게
하나만
있는 사주일
경우에
더 가능성이
커집니다.

戌
편재

대운

辰
편재

세(년)운

복권을 사는
시간도
편재시에
사시면
좋습니다.

戌
편재

월운

辰
편재

일운

개운법:자연주의 사주 철학

개운법:자연주의 사주 철학

자연주의 철학과 사주

봄은 여름을 부러워하지 않습니다.
겨울은 봄을 기다리지 않습니다.

새들은 일년에 한번씩 짝이 바뀝니다.
봄이 가고 여름이 가고 가을이 겨울이 오듯이
때가 되면 계절이 바뀌는 것이지..
계절이 잘 바뀌려고 하지 않습니다.
이것이 자연의 순리입니다.
자연은 머물고 있지 않습니다. 끊임없이 변화
하면서 새로움을 추구합니다.
봄은 봄 자체인 것이지 겨울을 후회하고 여름을
부러워하지 않습니다.
계절은 머물지않고 유지하려 않습니다.
허나.
인간은 가족을 만들고 사화를 국가를 만들어
유지하려 합니다.
인간의 욕망은 유지하려하는 것에 있습니다.
버리지않고 새롭게 변화하려 않는
인간의 기운이 흉운이 되는 것입니다.
만나든 사람 만나고 살든 집에 살고 가는 곳만
갑니다. 이것이 자연의 법칙을 깨는 것입니다.
그래서 10년 운에 이동수가 오고 이별수가 오는
것입니다.
이것이 운의 강재집행입니다.
스스로 바뀌지않기 때문에 신이 자연이 강제로
운을 조정하게 되는 것입니다.

강 제 집 행

-He.서하진

처음 가는 곳이 유토피아 입니다.
두려움과 설레임이 교차하는
공간..
그 곳에 길운이 있습니다.

흉운은 익숙하게 머무는 곳에 있다.

98

대운이란?

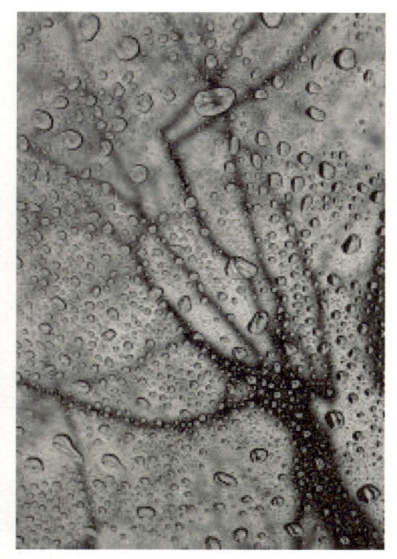

10년마다 대운이 온다.

대부분 사람들은 새해를 생각하고 운세를 봅니다. 그러나 사주 명리에서는 대운이라는 또 다른 운세가 있습니다. 평균 10년운이 만세력에 표기되어 있습니다.
사주 원국의 8글자 보다 더 중요한 운은 대운입니다. 대운의 운세가 실질적인 사건을 명명합니다. 대운이 10년마다 지시된 운을 꼭! 확인해 보세요!

대운은 계절의 흐름이다.

대운의 흐름은 계절의 변화 즉! 봄, 여름, 가을, 겨울 입니다. 봄으로 시작해서 겨울로 끝나는 순행과 겨울로 시작해서 봄으로 끝나는 역행이 있습니다. 순행은 나이를 먹을 수록 나이에 맞게 기운이 쇠퇴해 지는 것이고 역행은 나이를 먹을수록 기운이 젊어지는 것입니다.

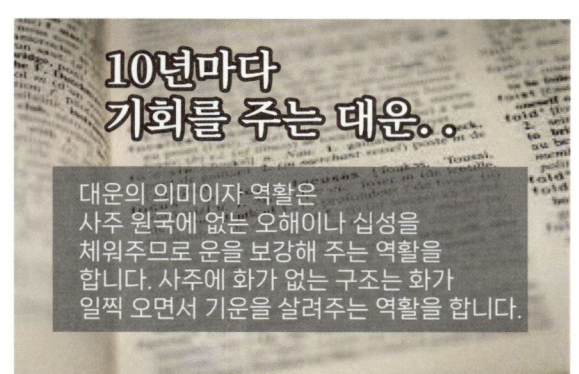

10년마다 기회를 주는 대운..

대운의 의미이자 역활은 사주 원국에 없는 오해이나 십성을 체워주므로 운을 보강해 주는 역활을 합니다. 사주에 화가 없는 구조는 화가 일찍 오면서 기운을 살려주는 역활을 합니다.

대운앓이, 대운징조

대운이 바뀌기전 해나 2~3년 전에 힘든 시절이 옵니다. 평균 10번 마다 삶이 변화하는 시기가 오는 하나의 운명 규칙입니다.
우울감이 오고 사건,사고가 발생합니다.
그리고 이사.이직등의 이동수가 발생합니다.
이것이 대운앓이이고 힘든 시절을 보내게 됩니다.
그리고 이 시기를 지나면 좋은 시절이 오게 됩니다.
이것이 대운징조입니다.
대운앓이 중에서 제일 중요한 사건은 이동수입니다.
이사를 하거나 이직을 하게 되면 사람도 자연히 바뀌게 됩니다. 이렇게 새로운 사람들과 인연을 새롭게 맺을때 좋은 길운이 발생합니다.

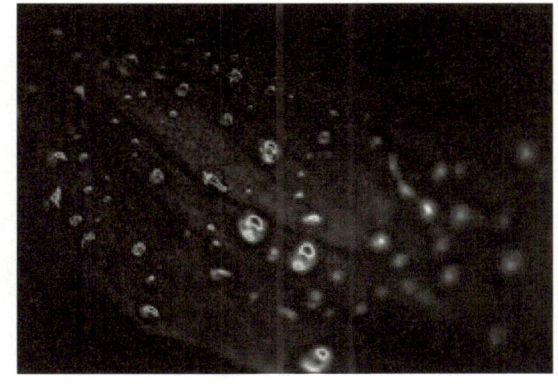

스칼릿 요한슨

결혼 . .

"무관 여자 사주 팔자"

비견

이 사주는 일간이 경금이고
일지가 신금인 경신일주
여주로 배우자 자리가 비견으로
남편운이 불안하다.
또한.
무관 사주로 남자가 없거나
아주 많거나 둘중 하나인 팔자로
90%는 많다.

식상 생재의 여왕!

2008년 결혼

2008년 무자년은 25세 임신 대운에 신자진 삼합 대운에 자수년에
결혼했고 대운이 바뀐 첫해에 정확하게 인연으로 결혼했다.

2014년 결혼

2014년 갑오년은 오화 정관운이며 정임합,병임충의 해로
급작스러운 임신 소식이 전해지면서 그 해 9월 유금 도화살에
결혼식을 올렸다.

정재	편재
乙	甲
亥	子
식신	상관

2017년 이혼&연애

2017년은 임신 대운이 바뀌는 마지막 해로 정유년이다.
정화의 정임합으로 이혼과 연애가 이어지는 해로
유금 쌍도화살로 이혼하고 새로운 연애를 시작했다.
2020년 경자년에 신자진 삼합 인연으로 결혼했다.

무관 사주 여자 팔자

45세 경오 대운(10년)

이 사주는 45세 경오 대운부터 관성 대운이
온다. 오화 정관 대운에 또 이성운이 온다.
이미 2026년 병오년에 오화 정관운에
목욕지에 도화살이 오고 관재수가 온다.
65세 무진 대운에도 또 남자가 있다.
이 사주는 식신 생재가 아주 강한 여자 사주로
무관이 더 해지면서 만남과 헤어짐이
많은 여자 팔자이다.

He.서하진의
아트 칼럼 Book

아이 욕심이 많은 여자

식신은 임신과
출산입니다.
식신,상관은 아이
욕심이 많은 여자
입니다.
급합니다.
임신부터 하자.
자식 욕심이
많습니다.
육아도 잘합니다.
잘 먹이고
잘 씻기고
잘 놀아줍니다.
과하면
잔소리도 많이
합니다.
요리도 잘합니다.
청소도 잘합니다.
일 욕심도 많습니다.
식신,상관 여자는
그렇습니다.

타인은 귀인이다

30년지기 인연과 헤어질때
그 때..
가장 큰 귀인이 찾아온다.
사피엔스는 한 번 맺은
인연과 오랫동안 잘 지내는 것을
미덕으로 생각한다.
착각이다.
나를 조건없이 도와주는 귀인은
새로운 인연에 있다.
가까운 사이는 귀인에서
멀어진다.
떠나라. 과감하게 이동하여
새로운 인연을 만나라.
인간과 인간사이 에너지 파동은
유통기한이 있다.
소모된 건전지와 같이 작동되지 않은
관계는 불행해 진다.
인연은 충전되지 않는다.
인문학 강의 중 개소리는 믿지마라.
바다 건너가면 길운은
더 커지며 동서양이 만나면
에너지 파장은 더 힘을 가지게 된다.
국제적인 만남이 답이다.
외국인과 결혼해라.
탁월한 선택이다.

He.서하진

명심해라.
사피엔스들아
고양이 동네에
살고 있다.

He.서하진의
아트 칼럼 Book

책부록 : 내 인연법(조건없이 도와주는 귀인)

인연 개운법

묘술
진유
사신
인해
오미
자축
·
육합
인연

한 여인이..
강 건너 귀인을 만나기 위해서 나룻배에 탓다.
드디어 귀인을 만났다. 진짜! 귀인인지는
먼 훗날 알수 있다.
허나.
뱃사공이 참! 귀인인지 모를 일이다.
스쳐지나는 인연을 귀하게 생각하라.

인연 개운법

연

묘목 뱃사공과
술토 여인은 헤어진후
잔상이 남고 원한다.
육합 인연입니다.
묘목 봄과 술토 가을은
극이 만나는 불꽃 스파크
입니다.
순수함과 농염함의
조화 입니다.
묘술 육합은
최고의 합
입니다.

戌

남자는 여자
여자는 남자가
큰 귀인이다.
삼합.방합.육합
인 나에게 조건없이 도움을
연 주는
을 큰 인연은 이성으로 옵니다.
     꼭! 연애하고 결혼하는
     대상이 이성이 아닙니다.
·   음양의 조화이고
·   조건 없이 가 포인트입니다.

스스로 찾아라.

삼 합 인 연
인오술
신자진
사유축
해묘미
..
삼합의 인연 중
생지..
인,신,사,해를
찾아라.

이렇게 찾으세요!
내가 관심없는 분야에서
사람을 만나면 좋은 인연이 반드시 있습니다.

인

사피엔스를 꿰뚫다

악연은
없다
확인 못한
인연이
있을 뿐이다

-He.서하진

어장관리.썸은
인연찾기 놀이이다.

만세력에 년, 월, 일을 입력해 보세요!
사람을 만나면 생일부터 물어 보세요!
사람은 맞추는게 아닙니다.
맞는 사람을 찾는 것입니다.
새로운!
많은 새로운 인연을 찾아 나서야 합니다.
더 많은 인연을
만나고 죽는 것이 잘 사는 겁니다.
가족, 친구, 지인, 동료, 이성..모두!
궁합을 보세요!

상관의 재능

상관

상관의 재능이 태어난 년의 지지에 있는 타고난 연기자입니다.
년주 지장간에 신금 정재와 상관 생재를 하여 그녀의
재능이 완성됩니다. 특히! 대운의 흐름이 20세 까지
식상이 흘렀고 21세 대운부터 20년간 재성이 흐르면서
식상 생재의 재능으로 뮤지컬 영화에 재능을 발휘합니다.

정관   편관

아만다 사이프리드는
정관 여자에 편관이
월지로 온
관성 여자입니다.
일지,월지 관성 혼잡
여자로 결혼을
여러번 할 팔자입니다.
그리고
정해 월주와 병자 일주로
정임합과 병임충등의
수극화가 강한 사주로
야한 느낌의 섹시함이
매력이고 성향 또한
야함!
성적인 기호가 있는
사주 구조입니다.
이는 기축년에
을목 정인과 축토 상관으로
적극적인 연애의 소유자
입니다.

섹시하고 야함!

토마스 샤도스키는 태어난 년이 진토로
신자진 삼합 인연입니다.
일지 자수 여자가 아만다 사이프리드
입니다. 토마스 샤도스키는
식상생재 남자로 여자한테 잘 하는
남자로 자상한 남편입니다.
아만다는 31세 신묘 대운에
강한 결혼 운이 왔고
2016년,2017년에
신자진,사유축
인연의 운중
임신과 출산을 합니다.

병자,정해는 밤에
화려한 조명 입니다.
유흥에서 유희가
이루어 집니다.

식신

상관   편재

토마스 샤도스키

모성애는
여자를 구속한다

모성애는
모든 여성이 똑같지가 않다.
의무감으로
바라보는 시선은
부담감이다.
.

.
임신에 대한 욕망과
육아에 대한
성실함은
다르다.
.

모성애에 대한
해방은
여성의 권리이다.
여자의
년.월.일.시에 따라
다르며
현대 사피엔스 관념속
모성애를 가진
여성은 20%도 안된다.

He.서하진

인구 감소 문제를
여성에게
부담을 주지마라.
여성은
출산 기계가 아니다.

He.서하진의
아트 칼럼 Book

엄마

이상아

일간

정인

정인

겁재

정인

편인

이.상.아.

가족

이상아님은
년주, 월주.일주에 인성이
모두 있는 인성 다자의 사주 구조로
가족에 대한 인연이 강한 사람
입니다. 가족애로 일생을
보내는 사주입니다.

정

정인은
정이 많은 사람입니다.
정인은 소통의 왕이며
사람과의 관계성이 좋은
사람입니다. 허나 정인이
3개이면 지인과의 금전 거래에
주의하셔야 합니다.

정인

정인

정인은 엄마!

올해 일주는
지지 해수가 정인으로
모성애가 많은 여자입니다.
해수는 큰 바다입니다.
많은 것을 품을 수 있는
해수 정인입니다.
천간의 임수가 일지 해수에
뿌리를 둔 정인격의 사주로
엄마 그 자체입니다.

정인

23
편재
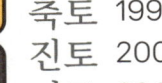
정인

기유 대운
축토 1997
진토 2000
미토 2003

53

43

43세 부터 20년 화기운이 오면서
춥고 습한 사주에 온기가
들어 온 것입니다.

2016년 대운이 바뀌고 병신년에 3번째이자
마지막 이혼을 하면서 안정을 찾게 됩니다.
식신,상관이 용신으로 오면서 활동을
시작했습니다. 무관 사주에 관운이 대운으로
오면서 운이 좋아지기 시작했습니다.
53세 병신 대운에서 발복하게 됩니다.

사피엔스 상담소

상담: 이상아님은 기해 대운에 몰아
치듯이 3번 결혼을 한 것은 숫자 상으론
3번 이지만 하나의 운으로 봐야 합니다.
그 이후 10여년의 결혼 생활후 이혼
한 것은 일반적인 경우입니다. 문제가
되지 않습니다. 정상적인 운입니다.
개인적인 아픔과 상처가 있지만 지나온
세월이고 사주에 맞게 살아온 것 뿐입니다.
용신인 식상 기운이 오면서 활발한
활동으로 예전의 인기를 누리시길 바랍니다.
내 사주와 나의 삶을 인정 하시면 됩니다.
63세 이후에는 재물과 이성운이 함께
옵니다. 길운이 기다리고 있습니다.

정인

대운..

2025년,2026년,2027년
53세 이후 병신 대운에 접어 들면서
이 3년을 기점으로 대운의 좋은
길운이 흐르는 시기입니다.
특히 2027년 부터 4년간 재물이
움직이는 시기입니다.

유 기 견

멍멍 앙앙
어유.......내 새끼 쥬 쥬

엄마 갔다 올께
멍멍멍................창가에 멍

그리고 어느날

부릉 부릉............부르릉
당황! 멍멍 멍멍멍

먼 시간

멍.........................엉

눈물
한 방울
두 방울...
세 방울......

사피엔스를 꿰뚫다

가족이라 말하지만
집착하고 소유하는
인간의 욕심입니다.

동물은 스스로
살아갈 자유가
있을때
아름다운 자존감이
존재합니다.

He.서하진

He.서하진의
한줄.. 사주 에세이..

배우 채.수.빈.

타고난 배우의 사주입니다.
토생금의 식상 생재가 강한 사주로 본인이 표현하고 싶은
역활은 다 할 수 있는 타고난 배우입니다.

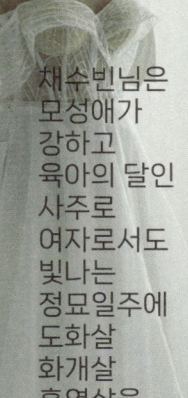

채수빈님은
모성애가
강하고
육아의 달인
사주로
여자로서도
빛나는
정묘일주에
도화살
화개살
홍염살을
다 가진
3콤보 미인
사주입니다.

편재

편재

식신

상관

월간에 신금과 일지가 유금으로
뿌리를 둔 사주로 **편재격**의
재물복이 아주 강한 사주입니다.

작가의 말: 안녕하세요 채수빈님
정유일주로 여성스러움이 빛나는
사주입니다. 앞으로 운의 흐름은
31세 정묘 대운에서 61갑자 대운까지
40년간..
목(나무)의 인성이 흐르는 인생입니다.
다양한 배역과 다양한 일들을 하시게
될 것입니다. 배움에 대한 열정도 생기
실거고 해보고 싶은 일들도 많아 지실겁
니다. 또한 귀인복이 많이 따르는 운으로
사람들로부터 많은 도움을 받는 인생을
사실 겁니다.
허나 그런 인간 관계속에 구설수도
따르니 조심하셔야 합니다.

정인

채수빈님은 태어난 년에 천간에
갑목 정인은 학구적인 면모가
있는 사람입니다.
배움과 일에 대한 욕심이 많습니다.

정화

채수빈님은
정화 일간으로 삼주에
정관, 편관이 없는
무관 사주입니다.

화 일간이 무관이면
수가 관성으로
옵니다.
편관 대운이나 세운에
조심해야할
팔자입니다.
지장간에도 수의 관이
없는 사주로
특별히 사고수나
건강에 신경을 써야
하는 사주입니다.

31세 정묘대운

인오술
해묘미
사유축
삼합 인연의
사주로
정묘 대운에 지지
묘목에 도화가
온 운으로
해묘미의 인연이
대운으로 온 시기
입니다.
2026년 병오년
묘월에 이성 운기가
좋게 흐릅니다.
31세 대운인
10년 운에 결혼이
안되면 51세
이후에 운이
있습니다.
관성 남자가
지장간에도
없는 팔자 라는걸
명심하세요!

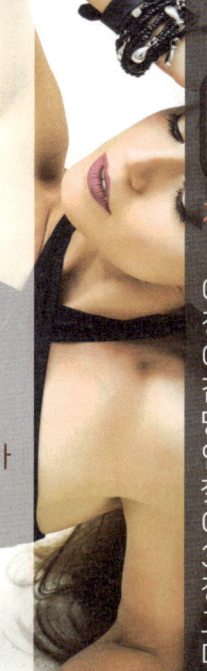

임수

정임합

이 사주는
정화 일간
여자 사주로
갑작스럽고
당황스러운
연애운이
찾아오는
여자 팔자로
31세 정묘 대운은
정화의 중첩으로
그 기운이
더 강합니다.

He.서하진의
아트 칼럼 Book

악마의 사주

유영철

유·영·철.

금의 위법으로 태어나다

상관   식신

유영철은
태어난 대운이 경금 식신이고
6세 대운에서 신금 상관을 만나게 됩니다.
무관 사주인 유영철은 준법 정신이
없는 사람으로 태어나 15세까지
금의 식상이 천간에 흐르면서
강한 금기운으로 차가움의
기운을 키우는 시기입니다.
유영철은 상관 무법자로 태어 났습니다.

경금 병존

월간   년간

무관 사주

유영철은
년간이 경금이고 월간이 나란히
경금인 경금 병존입니다.
식신이 금 병존이면 **칼잡이** 입니다.
외과 의사나 강도 팔자입니다.
무관 사주 유영철은 범죄자가 됩니다.

6세부터 15세까지

유영철은
6세에 상관 대운이 옵니다.
상관의 기운으로 이미 문제아 성향으로
성장기를 보냅니다.
자기 주장이 강하고 유희의 탈선과
상관의 날카로움을 장착하게 됩니다.
상관은 위법한 사람입니다.

"상관 유영철"

나르시스트

일간

戊

비견 다자의 복수심

辰 비견   **辰** 비견   **戌** 비견

비견 다자는 자기애가 극단적으로 강한 사람입니다.
유영철은 삼주 모두 비견,비견,비견입니다. 자기애성 인격장애자 즉! 나르시스트입니다.
사주 지지가 연속 3자가 같은 경우는 극단적인 성향을 가진 자로 위험한 운명의 소유자입니다.
비견은 나 또는 나와 같은 존재와 경쟁하는 구조의 삶이 치열한 팔자입니다. 강한 경쟁심으로
타인과의 관계 속에서 이기기 위해 고도의 집중력 발휘하고 고집이 아주 강한 사람입니다.
비견 다자는 타인 과의 트러블로 인한 스트레스가 많은 일상을 보내게 됩니다. 유영철은 그의 삶 중에
운동,미술,경찰등의 꿈이 좌절되는 과거에서 타인에 대한 증오심이 폭발하였을 것입니다. 이러한
좌절감은 비견 다자가 느끼는 충격은 더욱더 강력한 증오와 복수심을 유발했을 겁니다.

유영철은 사주가
좋습니다. 일간을 중심으로
생하는 구조로 일간 내가 힘을
써는 사주입니다. 사회적으로는
범재 자이지만 개인의 목표를 이룬
사람입니다. 사주가 약하면 범재행위가
미수로 끝났을 것입니다.

유.영.철.

여자한테 집착하는 악마 . .
정재.편재=여자

이 사주는 지장간에 계수 정재가 병존으로
존재하는 숨겨진 여자에 대한 집착이 강한
남자 사주입니다.

숨겨놓은 여자 . .

癸 癸
정재 정재

유영철은
무재 사주로 여자운이 불리한 사주입니다.
허나, 지장간에 계수 정재가 병존으로
숨어 있습니다. 이는 몰래 여자에 집착하는
사람입니다. 음흉하게 식신 경금과
식신 생재하는 사주 구조입니다. 여자에게
삐뚤어진 집착 상태를 말합니다.

편재

壬
午

16세 임오 대운에
편재 여자운이 왔습니다.
한밤에 네온 불빛속 여자 기운
입니다. 임오는 정임합을 뜻하며
갑작스런 이성합이 오는 시기로
이성에게 집착을 하는 시기로
여자에게 미치게 되는 운이
시작된 것입니다.

CHAPTER

101

위험한 사주

공황장애

자연

공.황.장.애.

공.황.장.애.

공.황.장.애.

일간(난)

겁재

상관

정인

편인

겁재

이 사주는 개그맨겸 MC
이경규님 사주중 시를 뺀
삼주입니다.
임수 일간이 수가 3개인
우울증 사주이며 금생수의
오행 구조로 그 기운이 더
예민한 사주 구조입니다.
그의 버럭 캐릭터는 을목 상관의
화술과 금기운이 뿌리를 둔 사주로
금의 기운이 뻗치는 성향입니다.

토극수, 금생수

이 사주는 2012년 임진년에
공황장애가 발생 했습니다.
임진의 토극수가 흙탕물의
기운으로 정신을 흔들고
경인 대운에 경금 또한 금생수의
기운으로 정신의 예민함이
작용하고 있습니다.
이는 66세 임진 대운이 불리한
흉운이 오는 때입니다.
무관 사주로 편관 대운이 오는
시기는 극단적인 운이 발생할
수 있습니다.
29년 기유년에 이별수가 옵니다.
기유는 정관,정인의 관인 상생
운에 목욕지에 쌍도화가 강한
기운으로 부부의 이별운이
작용합니다.
특히! 자유 귀문관살이 강하게
작용하는 7월과 9월이 위험
합니다. 그 시기를 피하는 것이
좋습니다.

유명인의 사주 팔자는 제한된 오행으로 생하는
구조로 돈과 명예를 가지게 됩니다.
허나. 사주가 좋은 만큼 결핍된 구조가 존재합니다.
극단적인 흉운을 피하는 것이 좋습니다.
그러기 위해선 내가 내 사주를 알고 있어야 합니다.

도시

싸이코패스

이춘재

극단적. 자기애.

대운의 흐름이
그를..
살인자로 키우고
있습니다.

1
비견

비견

살인자가 태어납니다.
갑목일간이 임인년에 비견의
뿌리를 두고 1세부터 갑인대운에
간여지동의 비견 대운입니다.
비견,비견,비견,비견입니다.
나,나,나,나입니다.
이렇게 살인자는 극단적 자기애를
타고 태어나 길러집니다.

겁재

겁재

갑인대운에서
을묘대운까지
1세부터 20세 까지 목
기운으로 비겁이 흐릅니다.
철저한 자기만의 시간을
가지게 됩니다.

정인   편인

살인을 준비하다

년간 편인과 월간 정인이 나란히 수의
차가운 기운이 감돌며 생각하고 생각
합니다. 치밀하게 자기애를 다지며
임수 편인의 편향된 가치관을 키워
나갑니다. 축월생의 찬 기운에 천간의
물기운이 찬기를 더해주면서 일간 나무가
차디찬 얼음땅에서 자아도취에 빠져서
자기 몸집을 키워 나갑니다.

1986년 첫 살인

식신 丙

辰 편재

21세 병진대운이 오면서
살인을 위해 움직입니다.
병화의 불로..
사주원국에 목을 키워서 자신의
비겁을 강하게 합니다.
무식상이 병화 식신이 왔습니다.
행동합니다. 식신의 힘으로..

戌 편재

丑 정재

남자 사주에서 정재,편재는 여자입니다.
일지 편재.월지 정재는 여자에 미친
남자입니다. 성범죄의 가능성입니다.

1986년 병인년

丙

寅

병진대운에 병인년이 왔습니다.
병화에 병화가 화생토를 하면서
재성의 본 모습인 여성을 목표
합니다. 성범죄 에너지가 폭발
하면서 첫 살인이 일어납니다.
대운이 바뀌기전 1991년 까지
병화의 화생토,목생화의
기운으로 희대의 살인마가 탄생
합니다.

일간

甲

戌 편재

갑술일주는..
독산고목입니다.
높은 산에 나홀로 선 고목입니다.
잎이 모두 떨어진 나무입니다.
배우자와의 속궁합이 나쁜 일주
입니다.
성적 불만과 트라우마를
나머지 사주 위치에서 극단적인
기운으로 흘렀습니다.
화성 연쇄 살인사건 이춘재
사주 스토리텔링입니다.

이춘재 살인의 추억은
성도착증

무식상 사주가
재성이 강할때
성에 집착하는 성향을
보입니다.
일지,월지가 재성인
이춘재는 성에 대한
집착이 아주 강하며
무식상인 경우 변태적
성행위에 집착이 강합니다.
또한 원간 편인은
매니아틱한 성향으로
편향된 자기만의 성적
유희가 강한 사람입니다.
이춘재 사주의
지장간에 정화,병화의
식상이 숨어 있고
대운에서 아주 강하게
식상운이 들어 오는
시기에 성에 대한 행위가
폭발하게 됩니다.
재성이 강한 사주가
식상이 약할때 변태적인
편향된 성적 취향을
가지게 됩니다.

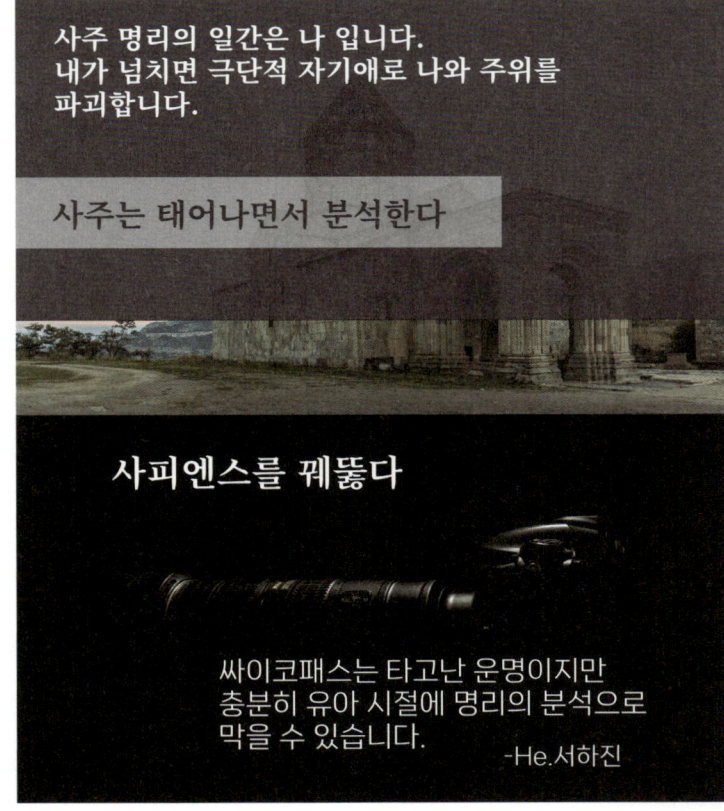

사주 명리의 일간은 나 입니다.
내가 넘치면 극단적 자기애로 나와 주위를
파괴합니다.

사주는 태어나면서 분석한다

사피엔스를 꿰뚫다

싸이코패스는 타고난 운명이지만
충분히 유아 시절에 명리의 분석으로
막을 수 있습니다.
-He.서하진

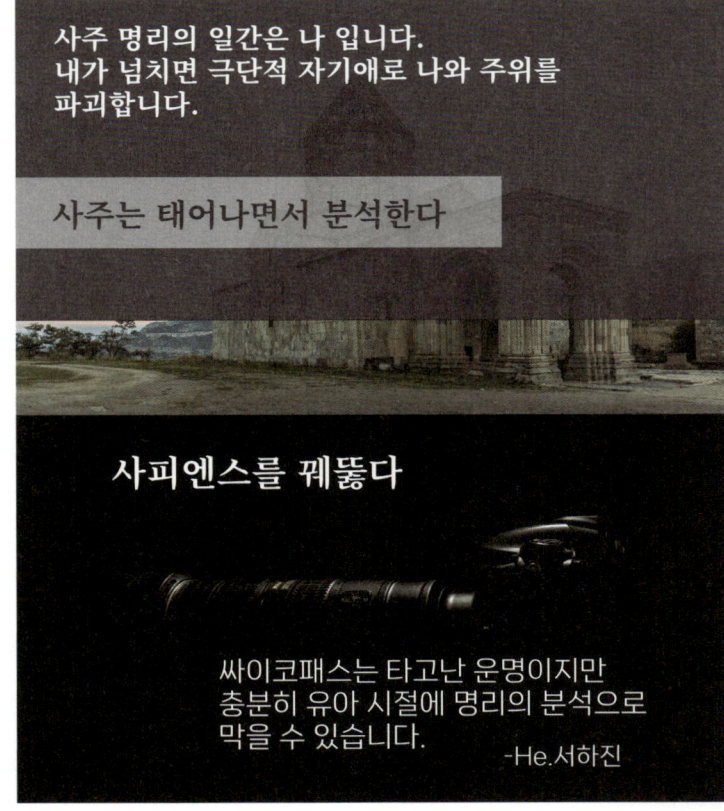

118

소시오패스

성공과 경쟁,비상한 머리,날카로운 권위의
소유자로 수단과 방법을 가리지않는 자아를
소유한 사람입니다.

일간	비견	편인
乙	申	癸
酉	子	卯
편관	편인	겁재

비겁이 3개는
경쟁과 경쟁의
삶 입니다.

수의 편인이 뿌리를
내린 구조는
남모를 철저한 계획을
세우는 천재입니다.

이 사주는 일주를 중심으로 힘이 강한 사주로
극단적인 운명을 맞이하는
사주입니다. 소시오패스적인 사주 구조입니다.

음이 강한
사주로
금생수의 차가운
기운이
강한 사주입니다.

유금 편관은
냉정하고 날카로운
권위 의식을
가진 사람입니다.

비견2에 겁재1 자신의 목표를 위해 집중하는
사주입니다. 경쟁 상대를 의식하여 사는
삶 입니다. 편인이 뿌리를 내린 구조로
비상한 머리를 쓰는 사주입니다.
일지 유금 편관은 금의 결단적인 날카로움으로
자신의 권위적인 명예와 권력을 위해
수단과 방법을 가리지 않고 완전한 계획에
몰입하는 사주입니다.

사피엔스를 꿰뚫다

소시오패스는 사피엔스의 욕망에서 시작된다. 누구나! 소시오패스가 될 수 있고 극단적인
상항은 대운의 흐름마다 존재하며 평균 10년 주기로 어려움에 처하게 된다. 사주는 인간
바코드로 성공하는 인생은 결핍되는 개인사가 존재하며 사건화 된다. 한 방향으로 몰린 사주
구조는 빈 공간이 생기기 마련이며 그 빈 공간은 누구나 가지고 있다. 인류의 빈 공간은 자연 환경이다.

악마의 사주

辛
酉 酉

금의 날카로움과 싸늘함을
가진자는..
유금 병존으로 그 기운이 강해지면
몸속에 뾰족한 바늘과 날카로운 칼을
지니고 있다.
칼날이 자신을 향하지 않기 위해서
같은 금을 가진 인연을 만나
날카로움의 방향을 상대에게
돌려버리는 저주를 내린다.
자신이 살기 위한 숙명이다.

-He.서하진

악플사주

일간 　　　 비견

甲 　　 甲

寅 卯

비견 　 겁재

가수 설리님 사주입니다.
비겁 다자 입니다.
일간 갑목이 년간과 일지에 인목으로
같은 비견으로 존재 합니다.
경쟁 구도에 사는 삶으로
다른 비견들로 부터 구설수에
휘말리는 팔자입니다.
태어난 월이 사회의 직업 영역으로
월지에 묘목 겁재는 나의 것을
빼앗기는 운으로 직업적인 분야에서
타인의 평가가 불리한 사주 구조
입니다.
일간 갑목의 힘을 빼기 위해서
시기,질투하는 무리가 월주에
묘목 겁재로 존재하고 있습니다.
10년 대운에서도 8세 부터 30년인
37세까지 목기운의 비겁이 흐르고
있습니다.
그리고 안타까움은
18세 을축 대운입니다. 을목 겁재가
월지 묘목과 합을 하여서 겁재 기운이
강해지는 대운을 맞이한 것입니다.
2019년 기해년에 해수가 년지와
술해 천라를 만들고 그 해 10월
갑술월에 술토가 중첩으로 또 천라를
만들어 버립니다. 14일 갑신에 갑목이
비견으로 오고 지지 신금이 사주
원국에 일지 인목과 인신형살의 흉운에
고인이 되셨습니다.
비겁 다자가 비겁 대운을 맞이 하면서
여러 가지의 흉살과 겹쳐 지면서
안타까운 결말을 맞이 했습니다.
을축 대운의 축토가 천살과 월살을
만들면서 정신적인 괴로움이 극단적인
선택까지 한 것입니다.
삼가 고인의 명복을 빕니다.

숨을 크게
호흡 하라.

즐겨라
우울감을..

우울증은 기회이다

다른 길로
산책 해라.

우울감..
우울증이 왔을때
집중력이
최고치가 된다.
기회가 온
것이다.
일단.
복권을 사라.
사피엔스의
삶의 리듬은
주기적이고
그 리듬을 타고
살면 된다.
우울한 리듬과
행복한 리듬은
교차하고
누구나에게나
공평하다,
신이 내린
평등이다.
다시 말한다.
우울감이 극단적
일때 복권사라.

He.서하진

복권을
사라 빨리..

우울증
공황장애는
행복 강요증
이다

니체.
라흐마니노프.
는 우울증으로
이름을 남겼다

He.서하진의
아트 칼럼 Book

강물은 왜 흐를까요?

물은 중력에 의해서 높은 곳에서 낮은 곳으로 흐릅니다.

높은 산의 물은 깨끗합니다. 산 밑에 낮은 곳에 인간이 사는 공간의
물은 더럽습니다.

높은 곳의 깨끗한 물이 낮은 곳의 더러운 물을 밀어냅니다.
이것이 자연 정화입니다.

강물이 흐르는 이유는 깨끗한 물을 유지하려는 자연 정화입니다.

-자연주의 철학자 He.서하진

금 사 빠

싱어송 라이터
테일러 스위프트

일간	겁재	식신
丁	丙	己
未	子	巳
식신	편관	겁재

테일러 스위프트

일간	편인	정인
壬	庚	辛
戌	寅	未
편관	식신	정관

조 알윈

2008년 조 조나스 - 무자년 자수 편관 도화살로 연애운이 온 것입니다.

2010년 10월 제이크 질렌할 - 무인 대운 경인년 병술월에 정화 일간이 인오술 삼합 인연으로 연애운이 온 것입니다.

2012년 7월 코너 케네디 - 임진년 정미월에 정화 일간이 강한 정임합으로 연애운이 온 것입니다.(급작스러운 남녀합)

2015년 1월 켈빈 해리스 - 을미년 미토 식신이 오고 정축월에 축토 식신이 중첩 되면서 일간 정화가 남자의 사주에 임수와 합을 한 연애 운이 온 것입니다.

2016년 6월 15일 톰 히들스턴 - 병신년에 대운이 바뀌고 지지 신금이 월지 자수와 신자진 합을 하는 해입니다. 갑오월은 오화가 일간의 뿌리를 내리고 도화살이 왔습니다. 15일은 무진일로 진토가 신자진 삼합 인연 운으로 연애운이 온 것입니다.

2016년 12월 조 알윈 - 10월 무술월에 상관 간여지동 운으로 만났고 11월 기해월의 해수 정관운과 12월 경자월에 자수 편관에 도화살 운으로 연애가 시작된 것입니다.

테일러 스위프트 사주는 식신이 뿌리를 둔 사주로 식신격의 일지 식신 여자입니다. 금방 실증을 내고 연속적으로 연애를 하는 여자 팔자로 특히! 일간이 정화로 정임합을 하는 금사빠 여자입니다. 그리고 월지 편관 여자가 일지 미토와 강한 원진살이 있는 사주로 쉽게 남자와 갈등을 일으키는 흉운이 있는 사주입니다.
그 중에서 오래 사귄 남자인 조 알윈과는 일간이 정임합으로 강력한 궁합입니다. 지지는 해묘미 삼합 인연이고 조 알윈이 일지 편관 남자로 테일러 스위프트가 원하는 관성 남자입니다.

He.서하진의
아트 칼럼 Book

2023년 5월 매튜 힐리 - 계묘년 계수 편관이 월지 자수 편관과 합을 하면서 5월 정사월에 강력한 육체적인 남녀 합으로 연애운이 온 것입니다.

2023년 9월 트래비스 켈시 - 8월 경신월 신자진 삼합운에 목욕지가 오고 9월 신유월에 년지 사화와 사유축 합으로 연애를 시작하게 된 것입니다.

점 보기

내 사주 핵심

내 사주에 해당되는 핵심 키워드를
먼저 파악해야 합니다.
그 다음 대운 그 다음 세(년)운을 체크
해야 합니다.

일주가 70% 중요함.

대운에서만 오는 운은 약하고 세운에서만 오는
운은 더 약하게 작용됩니다.

내 사주 8글자에 해당 되는 운이
어느 대운에서 오는지..
확인 하는게 중요합니다.

목이 많은 사주가 무토가 비견으로
오면서 많은 목이 뿌리를
내리는 시기로 다양한 일이
진행 되면서 발복하는 시기입니다.
신자진 삼합으로 물은 충분하며
화의 태양이 필요하지만
먼저는 토입니다. 목이 충분한 땅으로
안착되면 화는 기운적으로 존재하며
지장간, 세운, 월운에서 화를 받게 됩니다.

사주 8글자

대운

세운

월운

일운

순으로
내리면서
운을
봐야 합니다.

내
사주에
핵심을
보라.

내 사주 8글자와 상관없이
대운과 세운을 적용했을 때는
모든 사람의 운은
매일 매일 흉운만 작용하게
됩니다. 흉운은 2글자 조합이
많습니다. 아무렇게 갖다 붙이면
형충파해.귀문.천라지망..등
온갖 흉살이 적용됩니다. .
이는 잘못된 사주 풀이입니다.
적용할 것과 적용을 해도 확률이
낮은 해석은 버려야 합니다.

사주

대운

세운

월운

일운

순으로..

사주는 일주가 70% 영향력이 있습니다.
일주와 대운을 분석해 보고
일주와 세운을 비교해 보고
이런 식으로 일주와 운을
먼저 풀이하고 나머지 월주, 년주, 시주등의
사주를 풀이합니다.

을사년에 무자일주는
을목의 화초를 무토의
큰 산에 심는 시기이며
사화의 태양이 비추면서
꽃이 피는 시기입니다.
또한 자수의 물이 화초에
공급되는 시기입니다.
이처럼 오행이 조화롭게 오는
시기로 안정적인 시절입니다.

사피엔스를 꿰뚫다

누구나!
10년 마다 대운이 오는 것은
내 사주 8글자에서 부족하거나 필요한
운을 채워주기 위해서입니다.

-He.서하진

126

대운 흐름

대운수와 순행,역행은 남여가 다르고 사주마다 다르게 나타납니다. 천간은 갑.을.병.정.무.기.경.신.임.계 순으로 흐르고 지지는 자.축.인.묘.진.사.오.미.신.유.술.해 순으로 흐르면 인묘진은 봄.사오미는 여름.신유술은 가을. 해묘미는 겨울입니다.

전통나이(대운수:7,순행)

107	97	87	77	67	57	47	37	27	17	7

이 사주는 사오미, 신유술, 해자축, 인묘진으로 흐르는 대운으로 여름, 가을 겨울, 봄으로 흐르는 대운 흐름 입니다. 목이 없는 사주로 늦게 목기운이 오면서 생기가 없는 기운입니다. 여름,가을이 식상생재 운으로 재물운이 초년 부터 좋은 사주입니다.

이 사주는 화가 많은 사주가 대운에서 없는 토 운이 어린 시절 오면서 발복한 사주입니다. 화생토가 급하게 먼저 대운이 오면서 젊은 나이에 성공한 사주 입니다. 그러나 사유축의 유금이 강한 사주가 대운에서 계속 간여지동의 금기운이 오면 예민해지고 뼈가 부러지는 사고 운이옵니다.

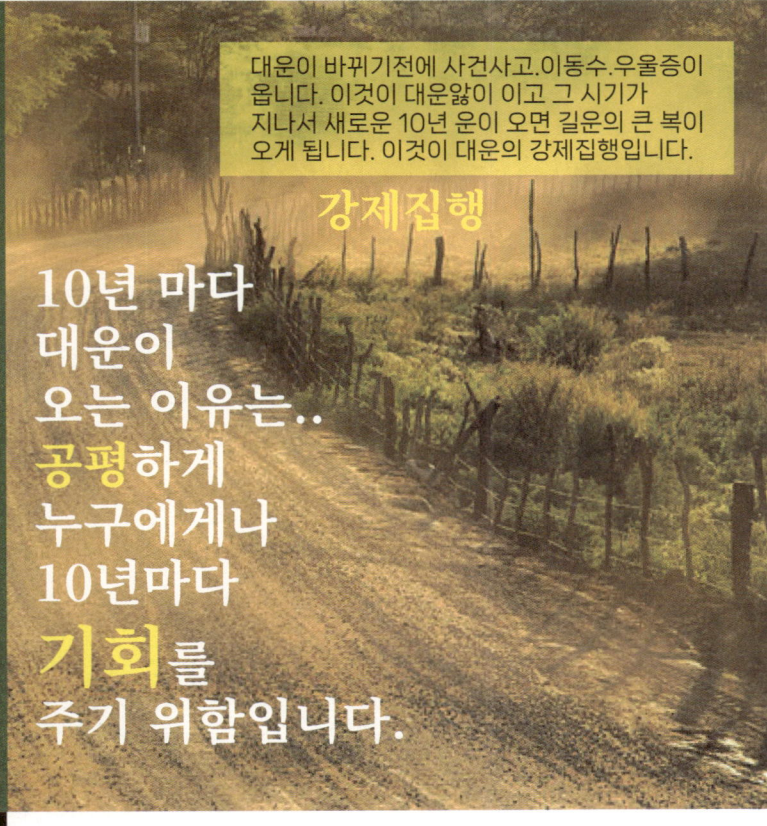

대운이 바뀌기전에 사건사고.이동수.우울증이 옵니다. 이것이 대운앓이 이고 그 시기가 지나서 새로운 10년 운이 오면 길운의 큰 복이 오게 됩니다. 이것이 대운의 강제집행입니다.

강제집행

만세력에서..
내 사주 8글자에
없는 오행이
대운에서
채워 집니다.
이때가
이때가
용신 대운입니다.

대운은
사주 팔자의
기회입니다.

10년 마다
대운이
오는 이유는..
공평하게
누구에게나
10년마다
기회를
주기 위함입니다.

대운에 오는 흉운은 무조건 사건으로 발생하지 않고
내 사주 8글자에 존재..해야만 강하게 발현됩니다.

바 람

바람은

온도와 습도를

조율해 주는 마법사이다.

CHAPTER

103

상극 시리즈

목은 생명이다

금은 열매이다

금극목

금이 목을 극하다.
여기서 금은 쇠의 도구입니다.
신금은 칼이고 경금은 도끼입니다.
갑목의 아름드리 나무를 도끼로 다듬어서
쓸만한 목재로 키울 수 있는 것입니다.
여기서 목은 선생님이 되는 것입니다.
삐뚤게 자라지 않게 보살피고 충고하는 존재가
금입니다. 이것이 금극목입니다.

성철 스님은
수가 3개이상인 사주로
우울증 사주입니다.
그 정신적인 혼란이
절로 가게 된
기운입니다.

신해 대운에서
금생수 운으로
물이 많아집니다.
나무 뿌리가 썩게
됩니다.

임자 대운이 바뀌면서 계속
금 기운이옵니다.
목의 생명을 압박해옵니다.

1993년 계유년에
마무리가 되어서
11월 임자일에
물바다로 사망하게
됩니다.

을경합

을목이 경금한테
반하다입니다.
남녀의 좋은 궁합을
말합니다.
운명적인 만남을
예견합니다.
허나.
경금이 2개 이상
중첩되는 운이 오면
을목을 쳐 버립니다.
사고 수입니다.
뼈가 부러지는
흉한 운이옵니다.
신금은
바늘,작은 칼을
의미하며 예리하고
날카로운 고통을
줄 수 있습니다.

사피엔스를 꿰뚫다

금은 신유술의
가을이며
곡식이 창고에
풍요로운 기운
입니다.
풍요롭기 때문에
오만합니다.
재물이 많습니다.
또한.
금은 광물질,쇠
입니다.
차갑습니다.
예민합니다.
풍요로운 인류는
금극목 당합니다.
기후위기가
그렇습니다.

무 소 유

무소유는 소유하는 것이다
무소유란 참된 삶을 위해
살아가면서
소유해야 할 것들을 소유함이고
소유하지 말아야 할 것들의 버림을
추구하는 것이다.

무소유1

먼저 너 자신을 미치도록 소유하라
그러면 무소유의 세상을 소유하게 된다.

무소유2

끝없는 절재의 아름다움이다
그 아름다움을 소유하라

무소유3

버림을 소유하고
채움을 버려라

　　　　　　　He.서하진

믿 음

천당도
믿습니다.

극락도
믿습니다.

끝 없는 우주도
믿습니다.

조상님들의 보살핌도
믿습니다.

나의 가능성도
믿습니다.

하지만

난
자연을 믿지 않습니다.

믿음은 미래의 것이고
현재 난 자연속에 자연과 함께 있는 까닭입니다.

자연 그 곳에서 왔다가
그 곳으로 가는 그 길만 믿습니다.

자연 그 곳에서 생명의 행복을 차곡차곡 쌓아갑니다.

자연 그 곳에서 울면서 왔다가 웃으면서 가는
그 기쁨만 믿습니다.

He.서하진

He.서하진의
아트 칼럼 Book

식신생재

식신　　　식신

지지에 식신이 나란히
병존일때
천재적인 재능을
가진 사주입니다.
식신은 재능입니다.

식신생재는
사주 구조에서 이시대에 가장
필요한 형식이며 식신의 재능과
활동성이 성공하는 삶으로
이끌어주는 팔자입니다.

일간

정재　　　　　식신

무자 일주가 신월에 태어나면 지지 신금이
신금이고 일지 자수가 정재입니다.
금생수로 월지가 일지를 생하는 대표적인
식신생재의 사주 구조입니다.
식신의 활동성으로 정재의 재물을 취하는
돈버는 기계의 사주 구조입니다.

사피엔스를 꿰뚫다

식신생재의 시대입니다.
블루 컬러의 시대입니다.
엔터 테이너 시대입니다.

편관 · 정인여자

강함과
부드러움을
다..
가진
편관·정인

여자..
결혼 0순위
편관·정인

여자 사주에서 편관은 절대적인 규칙과 책임감을 가지고
대의적인 폭넓은 사고를 하는 사람이며 정인은 소통과 애교의
따뜻한 성격의 소유자입니다.
편관의 강단과 정인의 부드러움을 다 가진 사람입니다.
성격적으로 인품이 훌륭한 사람입니다.

일간	정인	상관
己	丙	庚
卯	戌	申
편관	겁재	상관

술월에 태어난 기묘일주는 황금 토끼이며 과묵하면서도 다정다감한
일주로 특히! 배려의 여왕입니다.

다정다감한 배려의 여왕 사주!

이 사주는 유명 여배우의 사주로 많은 이들에게 사랑받는 분이며
특히! 월간의 병화 정인은 마음이 따뜻한 성격의 소유자입니다.
일지 편관의 예의 바름과 술토 겁재의 성실함도 돋보이는 사람
입니다. 배우로서 재능은 경신년에 태어난 강한 상관이 예술가의
타고난 재능을 갖춘 훌륭한 성품의 소유자입니다.

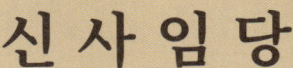

신사임당

타고난 사주

신사임당의 사주는
인성의 모성애가
아주 강한 사주이며
자식에 대한 책임감도
강한 사주입니다.
천간에 갑목 편인과
을목 정인은
강한 모성애를 나타내며
병화 일간으로
일간 나와 생하여
목생화로
더 강력한 모성애를
가진 사주입니다.
지지에 해수 편관과
년지에 자수 정관은
아주 강한 책임감의
소유자입니다.
이런 여자 사주는
누구나 신사임당과 같은
자식 사랑을 가지게 됩니다.

이혼 사주

일지 술토 식신이
그녀의 예술적인 재능을
말합니다.
일간 병화와 생하는
병술 일주로
타고난 재능이며
해수 편관이 술토를
극하는 구주로
남편과의 관계는
좋지않은 사주로
천라의 관계로
이혼하는 인연입니다.

일간	정인	편인
丙	乙	甲
戌	亥	子
식신	편관	정관

He. 서하진의
아트 칼럼 Book

CHAPTER

105

성격학

교주팔자

편인
편관

사주 십성중 편인은 교주 팔자입니다.
편인은 편향된 특정 분야에
천재성을 발휘합니다.
종교적인 매니아틱한 분야의
최고의 리더가 될 수 있습니다.
같은 코드의 부류를 이끄는 부분에서는
탁월한 능력을 타고나는 팔자입니다.

일간

편관

정관

정관

편인

편관

편향된 살 인 상 생 능 력 자

이 사주는 유명 종교인 사주입니다.
태어난 년의 천간에 신금이 편인으로 유일하게 자리잡고
있습니다. 이 금 편인이 교주의 힘입니다.
년주의 지지 미토 편관이 천간의 신금 편인과 살인상생하여
인성이 편관 칠살을 약하 시키고 편인의 편향된 철학을
펼치게 되는 팔자입니다. 자신만의 교리를 만드는 편인적인
사람입니다.
태어난 월에 간여지동 정관은 정관격으로 명예를 가질 수 있는
팔자로 태어 났습니다.
년간의 편인은 그 영향력이 국가적인 힘을 가지면서 단체를
이끄는 힘이 강하게 작용하는 것입니다.
계축일주는 축토의 얼어붙은 땅에 계수의 수 기운이 더해지는
형국으로 지장간에 신금 편인으로 종교인 사주입니다.
또한 관대지,양인,백호로 저돌적인 성향을 가지고 있습니다.

사피엔스를 꿰뚫다

가스라이팅의 귀재 편인입니다.
자신이 원하는 코드에 꽂혀서 그 분야의 무리를 설득시키는 능력이 탁월합니다.
내 철학,내 생각내가 좋아하는것,내 취향이 절대적으로 중요한 사람입니다.
좋아하는 것만 좋아하고 좋아하는 사람만 좋아합니다. 네편 내편이 극단적으로
분명한 사람이 편인입니다. 보편적인 분야에는 약하지만
특정 분야에서는 최고가 됩니다.

악마사주

연쇄 살인범 정남규

일간(나)
壬
戌
편관

편관
戊
辰
편관

정관
己
酉
정인

정남규는 관성혼잡으로 일간 임수를 극하는 사주가 불리한 올 관성 사주 입니다. 년주의 지지인 유금 정인이 돋보이는 사주로 초년운은 정관 정인의 관인상생 운으로 길운이 흘렀습니다. 정님규는 관성의 바름이 강한 사주이나 삐뚤어진 가치관이 관성의 권위만 존재해서 흉학한 범죄를 저지르게 됩니다. 일간이 수이고 4개의 관이 토 이면서 토극수의 흙탕물 사주로 정신 코드가 흔들리는 사주 구조입니다.

정남규는 사건이 진행된 34세 갑자 대운에 자수가 오면서 태어난 생월에 지지에 진토를 만나서 신자진 물바다 대운이 옵니다. 그로인해 토극수의 흙탕물이 강해집니다. 정신적 우울감이 심해지면서 잘못된 가치관으로 행동을 저지르는 흉운이 작용합니다.

34	24	14	4
식신	상관	편재	정재
甲	乙	丙	丁
子	丑	寅	卯
겁재	정관	식신	상관

토극수 흙탕물 사주에 상관대살로 법을 어기다

정남규는 삼주에서 무식상 사주입니다.
4세부터 40년간 목의 식상이 대운에서 흘렀습니다.
식상과 관성이 만나면 관을 깨는 구조입니다.
식신합살과 상관대살로 관의 규칙을 깨는 구조입니다.
싸이코패스나 중범죄자들은 식상이 운에서 강하게 작용합니다. 법을 어기는 사주 구조로 범죄 행위를 쉽게 저지를 수 있는 기운이 작용합니다.
특히! 상관대살은 범죄 행위를 할 수 있는 원동력적인 흉운의 기운입니다.
상관이 편관과 맞서는 구조로 편관의 국가적인 헌법을 깨는 구조가 상관대살입니다.
정남규는 극단적인 토극수운에 식상이 대운으로 어린시절 부터 오면서 서서히 범죄자로 길러진 케이스입니다.

상관대살

어딜 감히!

사주 십성중 편관은 국가를 의미하며 최고의 위치를 의미합니다.
그래서 편관을 가진자는 권위 의식이 있고 자신을 흠담 허거나 지적하는 것을 참지 못하고 뜻하지 않게 버럭 하는 경우가 있습니다.
편관은 자존심 그 자체이고 본인의 명예가 실추 되는 것을 참지 못합니다.

일간(나)	비견	편관

정인	편관	비견

이 사주는 정치인 이준석님 사주중 시가 빠진 삼주입니다.
편관격의 사주에 비견다자입니다.
이런 구조는 자존심이 매우 강한 사주로 나와 같은 비견들과 경쟁하는 삶 속에서
쫓기듯 살아가는 모습입니다. 한번 받은 상처가 오래가는 스타일로
뒷끝이 매우 강한 성향으로 특히! 일간의 비견이 년지에 오게 되면 고집도
강하고 승부욕이 불타 오르는 기질입니다.
을목의 편관격은 예민한 성격으로 자신에게 흠담이나 지적하는 행동을 참지
못하며 꼭! 되갚음해 주어야 직성이 풀리는 무서운 면모도 있습니다.

38	2025	
편관	편관	편관격의 사주는 국가의 높은 위치에 오를 수 있는 사람이며
		38세 대운에 을목이 편재로 왔고 2025년도에
		을목이 편재로 오면서 대통령 선거에 출마하는 운이 왔습니다.
정재	정인	아쉬운 것은 묘목 편관운이 지지에 함께 오면 더 큰 힘을 받을 텐데 천간 위주로 오면서 포부에 비해 여건이 약해 보입니다.

편관은 칠살이면서 큰 국가적인 명예운이 따르는 사주 입니다.

경박스럽다

식신2 상관1

식신은 손과발 몸동작이고 상관은 입이며 상관은 유희입니다. 타고난 예술적 재능이 상관 입니다. 식신은 손재주이고 활발한 움직임의 성실한 에너지입니다.

식상 다자

일반적으로 사주에 식신2개에 상관1개인 경우가 많고 식상이 3개 이상인 사주를 식상 다자라고 합니다. 움직임이 활발하여 가만히 있지 못하고 계속 무언가를 해야 하는 특성이 있습니다. 특히 식신이 발달하면 영업적인 직업에 능력을 발휘합니다.

식신

상관 **식신**

경박스럽다

화의 식상은 급하고 경박스러울 정도로 움직임이 강하여 성격적 장애를 가져 올 수 있는 사주 구조입니다. 조울의 조증이 우려되는 사주 구조입니다.

 대부분 목생화의 구조가 오면 밝고 진취적인 성향인데 그것이 과하면 사고뭉치가 됩니다. 일을 너무 벌려서 수습이 안되는 인생이 되면서 주위 사람들을 힘들게 합니다.

명상

식상다자들의 토가 필요하며 움직임의 제어가 필요합니다. 휴식과 명상이 필요하며 자연을 찾아 고요함을 접하여 자신의 마음을 진정시켜야 합니다. 조용한 명상이 필요합니다.

He.서하진의
아트 칼럼 Book

궁   합

일방적인 관계는 좋은 관계가 아닙니다.
일간이 남자가 관성인 남자일때 여자가 재성인
여자일때 이상적인 관계입니다.
육합의 성적인 속궁합이 맞을때도 좋습니다.
더 좋은 관계는 지지 삼합의 왕지가 똑같이
존재할때 평등한 관계가 형성됩니다.
남녀평등이 이루어지는 것입니다.
편관과 정인을 둘 다 가진 남녀가 만나서
성품이 좋은 사람들이 만나면 잉꼬부부가 됩니다.

궁합과 인연법

■ 궁합　여자는 정관.편관이 남자이고　남자는 정재.편재가 여자입니다.

상위10%궁합

여자　남자

여자 일간이 화 이면 남자 수 일간이 관성이고
남자 일간이 수 이면 여자 화 일간이 재성입니다.

일간 관재 궁합

여자는 정관,편관 관성으로 연애운을 보고 남자는 정재,편재로 연애운을 봅니다.
일주의 일간으로 여자는 자기 일간으로 볼때 남자 일간 오행이 정관,편관이면 남자로
느껴지는 기운이 강하고 남자는 본인 일간으로 볼때 여자 일간이 정재,편재이면 여자로
느껴지는 기운이 강하게 됩니다. 이것이 관재 궁합입니다..

인연법은 지지의 삼합,방합,암합,육합으로 보며
그 중에서 삼합의 인연으로 인연의 길이를
보게 됩니다. 두 사람의 삼합이 2개 이상이면 좋다.

삼합의 인신사해 생지를 인연으로
만나면 귀인을 만나게 되는 것이고 자오묘유
왕지의 인연을 만나면 헌신하게 됩니다.

여자　남자

관
재
궁
합

여자　남자

여자　남자

여자　남자

누구나! 나의 인연을 기다리고 있습니다. 그 인연이 좋은 사람이라고
착각하고 기다리고 있습니다. 하지만 그 인연은 악연도 있습니다.
내 스타일 이라고 내가 좋아 한다고 좋은 인연이 되는 것은 아닙니다.
지지 글자의 합이 서로에게 도움이 될때 시간이 지나도 좋은 관계로

남녀의 일간의 오행이 같은
궁합이면 비견,겁재로
친구같이 잘 통하는
좋은 궁합입니다.
허나.
서로 성적인 매력은 떨어지게
됩니다.
비겁궁합

발전합니다. 인연은 시간의
길이인 미래를 봐야 합니다.
서로 합이 많고 좋아야
미래에 더 좋은 이미지의
관계가 됩니다.
새롭게 만나는 인연이
많으면 많을수록
길운이 오는 것입니다.
처음 만난 사람이 귀인이
되는 것입니다. 무조건
잘해주세요! 처음 만난..사람!

속궁합

죽기전에 꼭! 만나야 할 인연..

묘목 술토

묘술 육합 / 진유 육합
최고의 육합

육합은 충 으로 상극의 만남이 합이 되는
궁합으로 강력한 끌림의 만남입니다.

진토 유금

속
궁
합

육합은
상극인
글자가
만나서
강력한
끌림의
관
계
!

육합

두 글자 만남.

진토	유금
묘목	술토
인목	해수
사화	신금
오화	미토
자수	축토

남녀 생일날
일지에서
두글자가 만나면
가장 강한 육합
이고..
생월인 월지에서
두 글자가 만나면
그 다음으로
강한 인연이
됩니다.
그 외 나머지
위치입니다.

끌림!

육합은 10번 만나고 · · 10번 헤어져도 · 또! 만나는 · · ·

충,형은 서로 다르기 때문에
궁금한 것입니다.
알고 싶은 인연입니다.
서로를 자극하는 에너지입니다.
익숙한 손길이..호흡이..
아닙니다.
상반된 절기의 만남으로 서로를
체우는 관계입니다.

같음,익숙함은 매력이 0
육합 찾아 떠나세요!

외모와 궁합

7번의 결혼!

10명중 선택해라.

첫눈에 반하고 성격이 잘 맞고
돈과 능력이 있고 몸매가 좋고
내 스타일이고
다 틀렸습니다.
10명중 궁합과 인연법을 보고
선택해라
한 달이 가고 6개월이 지나고
10년이 되면 더 좋은 관계가 되는
사이를 사주를 통해서 선택해라
정답이다.
천간에 관재, 비겁 궁합에
편관, 정인사주이며
식신 생재하는 사람이 자상하고
육합 궁합에 천간 지지가
뿌리 합을 하면 최고의 인연이다.
노력해서 찾아라
우연한 인연!
첫눈에 영화같이..
악연이 90%이다.
명심해라
10명중 사주 보고 선택해라.

사피엔스를 꿰뚫다

새들은 일년에 한번 아니 일년 마다
짝짓기를 한다.
인간은 인연을 유지하려 한다.
이것 때문에 망한다.
이혼은 자연스러운 자연의 법칙이다.

146

일간합

생일날인 일주 천간 글자의 남여 관계가
일간합 궁합입니다.

관재 궁합

남여의 일간 관계가 정관, 편관과 정재, 편재의 관계이면
관재궁합이며 가장 이상적인 궁합입니다.
전체중에서 상위 10%에 해당하는 궁합입니다.
남자는 남자이고 여자는 여자인 이상적인 합입니다.

비겁 궁합

비견겁재와 비견, 겁재의 남여 관계는
오행이 같은 궁합으로 친구처럼 친근함을 느끼는
관계로 서로 잘 통하는 궁합입니다.
이 궁합은 관재 궁합 다음으로 좋은 남여 합입니다.

식상인성 궁합

일간합이 식신,상관과 정인, 편인의 남여 관계는
일반적인 남여 합으로 주로 흔한 남여 합입니다.
나머지 궁합 관계를 체크 후 궁합의 점수를 확인해
보시는게 좋습니다. 평범한 궁합입니다.

일간은 철학과 사상의 정신적인
성향과 함께 나를 대표하는
나의 진짜 모습입니다.

금극목은
금일간의 남자는 목일간 여자가
재성이고 목일간 여자는
금일간 남자가 관성입니다.
이것이 관재 궁합입니다.

천생연분

내면의 아름다움!

천생연분

인품이 좋은 두 사람이 만나면 그것이 천생연분이다.
정인의 소통 능력과 편관의 책임감이 합쳐지면
좋은 인품이 됩니다.
궁합이 맞는 관계보다 중요한 것은 성격적 내면의
타고난 능력자를 만나는 것이 중요합니다.
국, 영, 수 100점 맞는 사람이 인격이 좋은 것과는
무관합니다. 오히려 공부 잘하는 사람은 인성이
발달하였으며 그러면 관성이 부족하여
자기만 아는 무책임한 사람이 되기 쉽습니다.
편관.정인이 중요합니다.
적당히 남 눈치도 보는 사람이 인격적으론
훌륭합니다.

일간(나)	비견	저인	일간(나)	편관	편인
甲	甲	癸	甲	庚	壬
申	子	丑	戌	戌	子
편관	정인	정재	편재	편재	정인

정혜영 시를 뺀 삼주   션 시를 뺀 삼주

두 사람은 편관, 정인이 있는 사주로 인품이 좋은 사주 구조입니다.
정혜영님은 지지가 신자진이 강하고 션은 인오술이 강하여 인연이 깊지 않은 관계이지만
둘의 인품으로 좋은 인연이 된 부부입니다.

정인..

He.서하진의 **한줄 에세이..**

배우 정려원

일간   비견

己   **己**

丑

비견

비견 다자

배우 정려원님은 생월이
간여지동 비견으로
비견다자입니다.
부지런하고 최선을 다하는
직업 활동을 하는 사주
입니다.
그러나 비견의 경쟁자들과
경쟁하는 운이 강하게
작용하니 때론 강박감 속에
놓여지는 힘든 삶이 될 수
있습니다.
또한 비견의 동성인 여자
들과 어울리는 운이 강하여
여자 조심!
구설수에 휘말리는 팔자이니
오히려 남자 지인과
가까이 지내는 것이
좋습니다.

드리는 글 : 흑설 공주

남   누구시죠
여   백설공주입니다
    저 이혼했어요
남   다행 이십니다
여   예 무슨 말씀이세요
    저 이혼 했다고요
남   이혼 했다고 공주님이
    시녀가 되진 않습니다
여   예 그렇긴 하죠
남   다만 흑설 공주로 개명 하시면
    프리미엄 등급으로 가능 하십니다
감독   자 사과 먹고 쓰러져 자는 척 하시면
    됩니다
    사과 한 입에 먹음직 스럽게요
    쓰러질때 우아하게 아시겠죠
    움직이시면 안됩니다
감독   컷 컷컷
    야 배우 바꿔 정려원 배우님 한번 더
    부탁드려봐 조감독 이작가 뭐해 빨리

상관

庚

申

상관   상관 생재

배우 정려원님은
태어난 생년이 경신년으로
간여지동의 금 상관입니다.
이 상관의 강한 재능이
일지 해수 정재와 상관 생제하는
재물 사주입니다.
년주 지장간에 임수 정재와
월주 지장간에 신금 식신은
식상 생재의 강한 기운으로
타고난 재능을 발휘하는 힘이
강해지는 사주 구조입니다.
천상 연기자!
25세 병술 대운에 겁재운을
정인의 길운으로 운좋게
흘렀습니다.
35세 이후 대운부터 식상이
흐르고 있어서 배우로서
좋은 위치에 오를 수 있습니다.

추천 음악 : Love Me Tender-엘비스 프레슬리

엘비스 프레슬리는 갑술년,정축일,갑신일주로 정려원님과는 갑기합에
금극목에 토 다자이며 사유축,신자진 합으로 궁합이 좋습니다.
그래서 이 가수의 음악을 추천해 드립니다.

디자인 컬러: 목이 용신으로 필요한 사주이므로 초록색입니다.

45세 갑신 대운
(정관 남자가 온다)

45세

정관

甲

申

상관

이 사주는 45세 갑신 대운에 상관견관 운이 오면서
직장운이 흔들리는 운이 왔습니다.
허나 경신년의 경금이 뿌리를 내리는 시기로 상관의
기운이 강해져서 일간 기토를 생하고 일지 해수 정재와
금생수의 기운이 아주 강해집니다. 이는 재물운이
따르는 대운입니다. 하지만 상관은 사고수의 흉살이
있습니다. 그리고 갑목 정관은 일주 지장간에 갑목 정관
남자가 숨어있는 여자 사주로 갑신 대운에 신자진 삼합
남자 인연이 오는 대운입니다. 결혼 운입니다.

2027년
정미년의
지지 미토는
일지 해수가
지장간에
갑목 정관
남자와
합을 하여
해묘미 삼합
인연의
남자와
정임합을
이루는
강력한
연애운
입니다.

丁

정임합

He.서하진의
아트 칼럼 Book

사피엔스는 털 없는 원숭이가 된 것은 기후 문제로
인해서 아프리카나 남방계의 따뜻한 기후에서
햇빛이 강력한 낮에 사냥을 하는게 다른 포유류 보다
경쟁에서 유리하기 때문에 털이 사라졌습니다. 체온유지를 위해
땀샘이 발달하였고 겨드랑이와 사타구니에 주로 땀샘이
발달하였으며 그래서 암내는 짝짓기를 알리는 신호 였습니다.
그 후에 밤의 낮은 기온과 몸보호를 위해 옷이 필요하였습니다.
그래서 오늘날의 패션이 되었고 이 패션이 짝짓기의 어필로
활용되고 있습니다. 중요한 날 속옷을 신경써는 이유가
그 이유중 하나입니다.

사피엔스의 패션 혁명

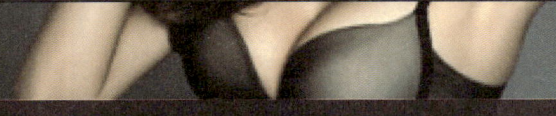

사피엔스의 바느질 행위가 패션 발전에 중요한 요인이며
고대 유물로도 발견되고 있습니다.
패션 혁명은 스스로의 자존감의 표현 이면서 개성을
나타내기도 하지만 짝짓기의 중요한 역활을 하는게
오늘날의 핵심적인 이유일 것입니다.

호모사피엔스

생각하는 인간 인성사주

정인, 편인 사주 십성중 정인, 편인은
생각하는 사람이고 생각이 많은 사람입니다.

호모 사피엔스

사주에서
정인, 편인은
생각하는 사람입니다.

정인

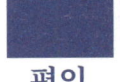

편인

정인

생각하고 생각하고 또. 생각합니다.

정인, 편인의 인성형 사람은
전체 인구중에서 20% 정도입니다.
그래서 호모 사피엔스란 의미는 20% 인류를
위한 표현일 뿐입니다.

호모 사피엔스는 지혜로운 인류입니다.
지혜가 과학이고 인류가 생각하고 연구해서 나온 것입니다.
호모 사피엔스에 가장 적합한 사람은 정인, 편인의 인성 사주입니다.

관성의 위대함

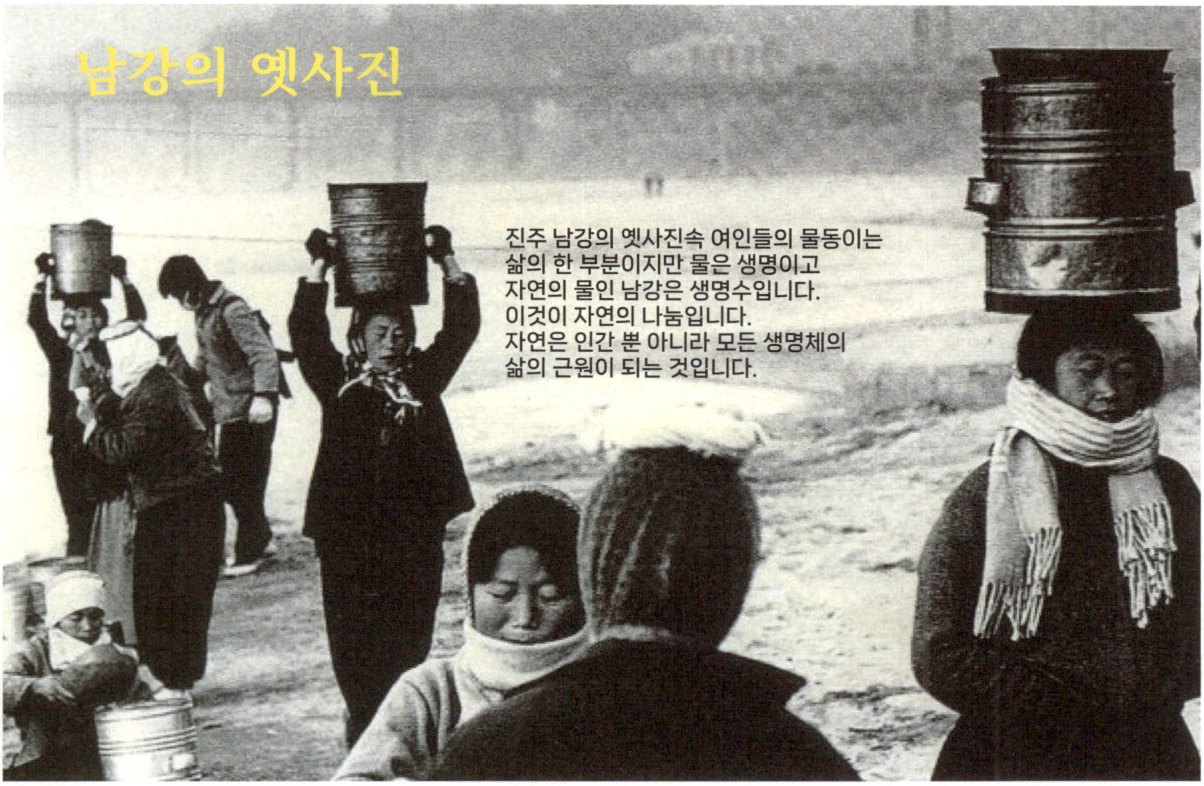

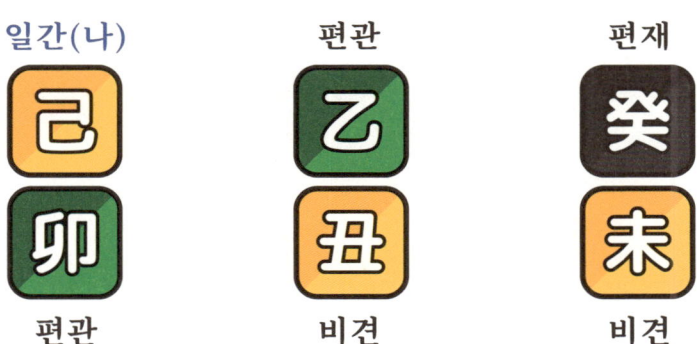

남강의 옛사진
진주 남강의 옛사진속 여인들의 물동이는
삶의 한 부분이지만 물은 생명이고
자연의 물인 남강은 생명수입니다.
이것이 자연의 나눔입니다.
자연은 인간 뿐 아니라 모든 생명체의
삶의 근원이 되는 것입니다.

일간(나)	편관	편재
己	乙	癸
卯	丑	未
편관	비견	비견

진주시에 사시는 천사 어른 김장하님의
사주중 삼주입니다.
편관격의 올곧은 사주로 대의를 위한
삶을 사는 일간 편재로
재물복이 좋은 사주로 남을 위해
재물을 나누는 삶을 사신 큰 어른이십니다.

작가의 말

운명적인 만남은 무조건 좋을거라
믿지만 그렇지 않으며 오히려
주위에 맴도는 사람중에 나의
보석같은 인연이 있습니다
누구나 감정에 의해서 사랑에
빠지고 절대적일거라 믿습니다
이것이 인연의 함정입니다
그 판단 기준이 사주 명리입니다

결 혼..

상관대살 상관견관

이 사주는 년간에 상관이 있고
일주 지장간에 정화 상관이
있는 사주로 남자와 맞서는
사주 형국입니다.
상관 대살은 편관과
맞서서 칠살을
풀 수 있지만
상관 견관은
남편과 관계가
불리하게
작용하는
기운이니
반드시
궁합을 보고
합을
하는게
무탈
합니다.

나무와 물

라흐마니노프 파가니니 주제에 의한 광시곡
바레이션 18번을 추천해 드립니다.
자수의 물과 목이 있는 숲속 계곡을 자주
찾으세요! 사주 개운에 도움 되십니다.

남 자

정관

편관

배우 김사랑님은
무관 사주로 결혼운이
불안한 사주입니다.
하지만 지장간에 정관
편관이 숨어 있습니다.
경금의 신자진 인연보다
신금의 사유축 인연이
강합니다. 지지에 사화와
축토가 이미 삼합 운동을
합니다. 현재 대운이
바뀌어서 무오 대운에
결혼 운이 왔습니다.
2026년과 2027년에
이성운이 오지만
실제로는 2029년 기유
재생관 운이 결혼 운은
좋습니다.

배우 김사랑

일간	정인	상관
 甲	癸	丁
戌	丑	巳
편재	정재	식신

드리는 글: 난 천사에요

오늘은 아름답습니다
내일은 더 눈부실 거에요
자연은

숨 쉬는 맑은 공기는
상쾌합니다 꽃은 향기로워요
자연은

에베레스트 상공의 독수리는
마법의 비행을 합니다
바람은

나의 아침은 과거형이에요
나의 방은 여기 도시는
자연이었어요

난 천사에요 난 그리워요
자연 그 태초의 시절이

무오대운에
오화상관으로
직업운은 풀리지만
상관이 근을 이루는
대운에 찾아 온 결혼 운은
귀문의 영향을 받아서
이성적인 판단을 흐릴 수
있기에 살펴서 인연을
맺어야 합니다.

모성애

계수 정인의 모성애는 모에게
물려받은 형국이며
식상생재로 평생 돈이 떨어지지 않는
팔자입니다.
사술 귀문과 축오 귀문의 영적인
코드가 강하니 종교와 상관없이
경찰을 찾는게 좋을 팔자입니다.

He.서하진의
아트 칼럼 Book

CHAPTER

109

책 속에 책

자연주의 요리

자연주의 요리

직접 농사를 지은 재료로 요리를 하는 것이 자연주의 요리입니다.
식재료를 준비하는 자체가 요리입니다.

꽃은 열매를 위한 준비입니다. 먹기 위한 준비는 아름답습니다.

식탁은 자연에서 시작됩니다.

요리사는 농사꾼

재료의 신선함은 요리의 핵심입니다.
신선하고 좋은 재료를
준비하는것 자체가 이미 요리를
다 한 것과 같습니다.
그러기 위해선 직접 요리사가 농사를
지어서 식재료를 준비하는 것이 최선입니다.
이미 시골의 어머님들은 그렇게
살아 오셨습니다. 도시에서 할 수 있는
자연주의 요리는 텃밭도 좋고
실내 수경재배도 좋습니다.
식재료를 직접 키워서 재료의 특성을
경험으로 느끼는 지식이 요리 실력입니다.
음식의 맛은 기본이고 먹고 건강해야 합니다.
건강해지지 않는 음식은 독이 됩니다.
세상에서 가장 비싼 음식은 직접 키운 재료로
요리한 음식입니다.

식 신

식신은 먹을 복이고
먹기위한 움직임의 열정입니다.
배부름은 행복이고
식사는 즐거운 행위입니다.
사주에서
식신은 행복과 즐거움을
가진 사람 입니다.
식신이 없으면 꿈도 희망도
없습니다.
일간 내가 생하는 존재가 식신입니다.

재료의 신선함이 곧! 맛이고 미식입니다.

사피엔스를 꿰뚫다

자연주의 요리는 주방이 아니다. 논과 밭이고 산과 들이며 강과 바다 입니다. 자연주의 요리는 자연입니다.

200년 미래에서 온
남자..

인간 차원 1차원.2차원.3차원.4차원은 사피엔스 뇌에서
임의로 정한 차원 이다.

생각하는 공간..

우주엔
시간은
없다.

우주1차원

생각하는 공간은
우주 1차원이다.

공간은
변화한다
생각한다.

불규칙의 공간이
생각하는 공간
우주 1차원이다.

우주 2차원은 카미유클로델 차원
공간위의 차원이며 개념이 다르게 무로 존재한다.
제로..무 차원으로 차원을 만드는 차원이다.

인간 두뇌의 진법은 미개하다.
우주를 파악하기에는 초라하다.
보이는게 계산하는게 정의하는게 형편없다.
사피엔스의 IQ는 개미가 하는 하품에 지나지 않는다.

호모 사피엔스는 우주를 알수없다

우주 공간에 흔적도 없다 허상이다

생각하는 공간

He.서하진의 한줄 에세이..

-He.서하진

포도나무 수경재배

포도나무 수경재배를
꾸준히 연구 하였습니다.
기존의 수경재배는
토마토, 딸기..등의
과채류에 국한되어
이루어지고 있습니다.
목본류 수경재배는
인류 농업 역사에 중요한
과제입니다.
현재 기후변화로 인한
탄소량 증가는 단순한
기후의 변화로 인한 자연재해
문재가 아닌
결국 식량문제로 이어집니다.
기존의 기아 문제 뿐 아니라
가뭄으로 인한 생산량 저하와
작물의 재배지가 바뀌고
있을 뿐 아니라 생산량 저하에서
농사를 지을 수 있는
농토의 사막화가 가장 큰 문제로
이어지면서 식량은 곧!
국가간의 전쟁으로 이어지는
강력한 도구가 됩니다.
이러한 사실이 이제 곧!
현실화되며 다양한 작물의
시설 재배는 기후위기를
탈출하는 유일한 희망입니다.
포도나무, 오렌지나무..등
다양한 작물을 수경재배하는
기술은 인류 생존에
꼭! 필요한 연구이며
사피엔스의 생존 문제입니다.

사주 정심학

사주 정심학이란?
사주 명리학으로 바라보는 정신학,심리학을
말합니다.
사주 팔자의 운명론은 단순히 점을 보는
점성술이 아닙니다.
명리학의 4가지 주인
생년,생월,생일,생시는 전세계 모든
인류에게 해당되는 인간 바코드이며
통계학이자 분류학입니다.
인간 분류학이 사주 팔자 명리학
입니다.
아이가 태어남과 동시에
사주 팔자가 정해집니다.
정신,심리학에서 다루지 못하는
영역까지 예견하고 진단 할 수 있습니다.
이 새로운 분야를 연구하고 분석하여
세상에 알리는 프로젝트를
진행하고 있습니다.
많은 관심 바랍니다.

-He.서하진

뮌하우젠 증후군

경계선 성격장애
경계선 성격장애
반 사회성 인격장애
반 사회성 인격장애
싸이코패스
싸이코패스

모성애와 자존감의 공허함

에곤 실레 <늦 가을의 작은 나무> 1911년
엄마의 뱃속에서 자라나는 아이와 모유를 먹고 자라는
아이의 모습처럼 모성애에 대한 생각을 해본다.

뮌하우젠 증후군

엄여인의 경우는 대리 뮌하우젠 증후군으로
장애 남편과 근로자 남편..등
약자를 보살피며 자기 명예와 자존감을
채우기 위해서 범행을 행한 경우 입니다.
가족에게 잔인한 범죄 행위를 한 것 또한
가깝고 접근이 쉬운 상대를 대상 했다는 것입니다.
전체적으로는 경계선 성격장애와 반사회성 인격장애도
함께 존재하는 싸이코패스입니다.

> 대운이 바뀌기전 대운앓이 시기에 3살 아이의 죽음이
> 무인성 사주의 모성애에 대한 강한 트라우마로 작용하여
> 2000년부터 본격적으로 범행이 시작되었습니다.

<엄여인 사주>

일간	상관	편재
壬	乙	丙
午	未	辰
정재	정관	편관

엄인숙의 태어난 시를 뺀 삼주입니다.

2000년 2월 17일

2000
편인

 庚
辰

편관
묘

2000년 2월 17일에
첫째 딸이 3살때
집계단에서 굴러 떨어져서
뇌진탕으로 사망합니다.
모성애에 대한 강한 트라우마가
작용한 사건이며 무인성 여자가
강한 관성의 책임감에 대한
재책감이 들었을 때입니다.
이것이 모성애에 대한 공허함을
증폭시킨 계기입니다.

무인성 사주(뮌하우젠 증후군)

27	17	7
비견	겁재	식신
 壬	癸	甲
辰	巳	午
편관	편재	정재

엄인숙 대운 흐름입니다.

엄여인은 사주에 인성이 없고 대운에서도
범행 시기까지 나타나지 않습니다.
무인성은 가족과의 교감이 없는 사주이고 여자로서 모성애가
결여된 삶이 강한 사람입니다. 핵심은 정관,편관이 강한 관성
여자는 이성적인 머리로는 모성애에 대한 강한 책임이 있지만
여자 무인성으로
그 마음이 없는 사람으로 이것이 체워지지 않는
모성애에 대한 공허함으로 깊게 자리 잡았습니다.
이러한 모성애 파괴가 무인성으로
뮌하우젠 증후군을 가진 이유입니다.

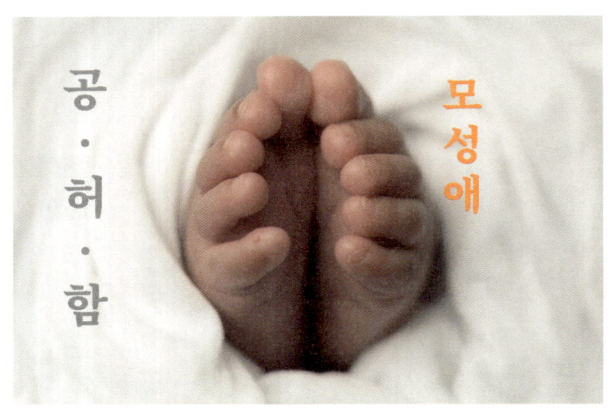

공·허·함

모성애

모성애:파괴된 공허함

정관 　　편관

관성여자의 책임감

엄여인은
태어난 년의 지지에 진토 편관이
월지 미토 정관과 연결된
관성이 나란히 병존입니다.
관성 다자 여자입니다.
규칙과 바름을 가진 사람이며
책임감이 강한 사람입니다.
특히! 여자 관성은 가족을 가지고
유지하려는 강한 욕망의 소유자이며
가정을 지키려는 책임감 또한
강한 여성입니다.
모성애 또한 강한 책임감이 따르는
성향으로 아이를 낳고 키우려는
본능적인 열정이 강합니다.
이성적인 기준의 책임감이 강한
정관,편관의 관성 다자입니다.
즉! 머리로는 모성애에 대한 책임감이
강하지만 무인성 사주로 행하는
능력과 운이 부족한 사주입니다.
하려고 해도 안되는 모성애에 대한
갈망으로 인한 공허함이 존재합니다.
두번 결혼한 남편과의 사이에서
각각 자녀를 출산했고 남편의 간호를
극진히 한 점이 관성의 책임감이
표출된 모습입니다.

<엄여인 사주>

일간	상관	편재

정재	정관	편관

엄인숙의 태어난 시를 뺀 삼주입니다.

**엄여인은 마음속
모성애에 구멍난
무인성 사주이다.**

무인성 사주는 가족에 대한
애착이 결핍된 사람으로
의무적인 책임감은 존재하지만
가족과의 정이 없는
사람입니다. 운 또한
독립하려는
성향과 기운을 가지게 됩니다.
일생중 부모.형제와 인연이
길지 않은 팔자입니다.

대운에도 무인성

27 비견	17 겁재	7 식신
편관	편재	정재

엄여인은 대운에도 인성이
오지 않았습니다.
을미,갑오,계사,임진 대운까지
무인성입니다. 2005년 체포
되기까지 무인성 대운입니다.
관성의 이성적인 모성애만
존재할 뿐 마음으로 행하는
모성애가 결핍되면서 공허함을
채우려는 범죄 행위를
한 것입니다. 상관대살,상관생재로
법을 깨고 돈을 착취하여
허영심을 채우게 된 것입니다.

모성애에 대한 공허함 . .
채워지지 않는 빈자리 . .

작가의 말: 여자 사주가 정관,편관이
강하면 결혼과 가정에 대한 집착이
있습니다. 무인성의 모성에 결핍에
개인사에 사건이 일어나고 상관이
천간에 있고 지장간에서 투간되면
상관으로 관성 남편을 흉운으로 치게
됩니다. 그리고 강한 상관이 재성의
재물과 생하여 돈을 목적으로 상관의
유희와 쾌락을 즐기게 됩니다.
범죄자를 있는 그대로 바라볼 때 사건
이유가 명확해집니다.

님의 침묵은 희망이 없습니다
구름에 가려진 것은 달이 아닌 내 마음입니다.

님의 침묵2

님은 침묵하지 않았습니다
세상에 대한 침묵일 뿐
나에게 아니라는 것을 알고 있습니다
구름에 가려진 것은 달이 아닌 내 마음입니다

파도가 치는 까닭은 모래알 지우듯 이별을 지우는 것입니다
바닷가 모래위 발자국은 사라져도 그 날의 바다 내음은 남아 있습니다

님은 절대적인 아름다움으로 세상을 비추고
한때 나에게 빛났고 그립습니다
다이아몬드를 온 몸에 담아도 당신의 빛나는 미모에 빛을 잃어 버립니다

님의 침묵은 희망이 없습니다
오늘을 살고 내일을 꿈 꾸는 삶은 나에게 존재하지 않습니다
희망하는 것은 모두 침묵합니다 새들도 나비도 님에게로 향하고 있습니다
꽃이 피는 이유는 당신을 위한 봄의 선물입니다 내 마음의 마법입니다

돌아오지 않을 거란걸 알고 있습니다 기다림이 부질 없음을 알고 있습니다
계곡을 따라 걸어서 강가에 배를 띄우고 바다 그 곳에서 파도에 부서져도
나는 그 자리에서 희망을 침묵하고 있습니다

계절이 12번 지나고 일년이 12번 지나도
기억합니다 당신이 그립습니다

하루 해가 지고 꿈에서 만날거란 기대에
님이 침묵합니다
새벽길 찬 서리를 밟고 안개가 거친
세상의 아침
그 곳에 내가 서 있습니다

나의 마법과
나의 희망은 님의 침묵을 푸르른 가슴으로 힘껏 안아 주고 있습니다

He.서하진

He.서하진의 한줄 에세이..

배우 조여정

몸매 미인

조여정님은 경인월 태생이며 금극목으로 타고난 몸매 미인입니다. 신유년 생으로 금이 추가 되니 운동을 좋아하여서 살이 찔 틈이 없는 사주입니다. 또한 기미 일주로 미토가 화개살로 몸매 미인이 맞습니다.

불

인월생으로 이른 봄에 태어난 기토 일간으로 옥토에 곡식을 심는 형국이지만 화가 없는 사주입니다. 다행히 월주 지장간에 병화가 지지 인목과 목생화를 하고 28세 계사 대운 부터 말년까지 화가 운으로 흐르고 있는 길운의 사주입니다.

결혼

조여정님은 정관 여자로 시집 잘 가는 여자 팔자입니다. 일주 지장간에 을목 편관 남자가 있습니다.

그래서 묘목 토끼띠 편관 남자와 결혼합니다. 2026년 병오년에 연애운이 강하며 대운이 바뀌는 26년,27년 결혼 운이 왔습니다. 을미 대운에 해묘미 결혼 운이 강합니다.

열정..

조여정님은 기미 일주로 간여지동 토의 일주이며 미토의 뜨거운 토로 양인살을 가진 일주로 신강하며 열정적인 삶을 사는 사주입니다.

상관 식신

타고난 배우

식신

이 사주는 신유년 생으로 간여지동 식신격의 사주이고 월간 경금이 상관으로 식상 다자의 사주로 배우로서는 타고난 연기자입니다.

사고수 조심!

금이 많은 사주로 사고수를 조심해야 합니다. 48세 대운에 을경합에 강한 금극목의 편관 칠살 대운이옵니다. 뼈가 부러지는 흉운이니 교통사고등에 조심하셔야 합니다.

드리는 창작시:
서방님 나의 서방님

매화꽃이 지고 복사꽃이 필무렵
들리는 말 발굽 소리는
강물을 휘감아 달리면서
오시는 서방님 나의 서방님

태양이 삼켜버릴 듯한
이글이글 타는 대지를 한 숨에
오시는 서방님 나의 서방님

고이 간직한 금비녀에 가락지
끼고 비단 이불 펼치고 기다리는
이 마음은 동짓달 찬 바람에
기다린 세월은 아니 부끄럽습니다

꽃피고 새우는 봄날에 손잡고
거니는 발걸음은 나비 되어
날아 가고 꿈속에서도
님은 향기롭습니다

낭자 왔소이다 3년이 지났구려
미안하오 낭자

He.서하진

편관
乙

숨어있는 을목 편관 남자와의 인연이 있습니다.

예명(작명)
예명(아호):단 아 별

但 다만 단
枒 가장귀 아
㴑 빨리 흐를 별

3자 작명 일명 부적 작명 입니다. 물이 없고 화,목이 부족한 사주에 화,목,수를 체워서 사주를 살리는 작명입니다. 3자 이름은 조 단아별 2자는 조 단 아 입니다.

He.서하진의
아트 칼럼 Book

추천 음악:
안단테 안단테-아바
금의 식상 다자는
쉼표가 필요합니다

김완선

사피엔스. 상담소.

일간
辛
巳
정관

예민한 숙녀

김완선님은
신금 일간으로
예민한 사람이며
월지가 정관으로
바르고 올곧은
사람입니다.
사람을 만나고 사귀는데 예의에 어긋남을 예민한 잣대로 인지합니다.

사피엔스 상담 : 김완선님의 대인기피 현상을
해결하는 방법은
오행중 수 기운인 밤에 만나는
약속을 하시면 좋고 물이 있는
공간에서 보시면 정관의 예의가
자연스러움으로 바뀌게 됩니다.
용신인 수를
상징하는 밤시간과
수의 기운인
물이 있는 호수가나
바닷가의 공간이
좋습니다.

일간   편인   편인
辛   己   己

슬로우..느긋한 말투!

김완선님은 토 기운이 강해
느긋한 말투가 임상으로 강하게 드러나는 것을
볼 수 있습니다. 스스로 답답함을 느끼며 살아가고 있을 겁니다.

활동성 제로! 우유부단.선택장애

김완선님은 기토 병존이 토생금 하면서
일간 나를 생하고 또 생하여 토 기운이 강한
사람으로 움직임에 대한 부담과 우유부단하고
선택하는 것에 대해 늘 물음표를 달고 사는
사람입니다.

김. 완. 선.

편인   편인   **편인.편인.**
己   己   문제는 천간에
               기토 편인 병존
               입니다.

생각.생각 그리고 걱정!
김완선님은 생각 생각 그리고 걱정
합니다. 년간에서 시작된 편인은
어린 시절부터 생각과 걱정이 많은
사람입니다. 월간에 연결된 편인
병존은 그 성향이 아주 강합니다.
편인은 생각이 많고 부정적이고 의심을
하는 사람입니다.
17세부터 27세까지는 많이
힘들었습니다. 결국 이 무렵에 은퇴를
했습니다.

사피엔스 상담:
편인은 머리가 똑똑한 사람이고
아이디어 뱅크입니다. 그리고 공상가
입니다. 김완선님은 천재입니다.
아이디어를 노트에 기록하는 취미를
가지시면 좋습니다. 책과 가까이
하시면서 작가가 되어 보시면 좋습니다.
편인의 장점을 살려서 즐기시면 됩니다.

사피엔스. 상담소.

김완선님은 오히려 타고난 그 느긋함을 즐기시며 사시면 좋습니다. 토의 기운이 많은 시골에
나만의 아지트를 두고 휴식을 취하면서 자연을 산책하시면 잘 맞습니다. 느긋함을 즐기세요!
화생토의 기운으로 공간 인테리어를 레드 계열로 하시면 좋고 빨강 장미를 곁에 두고 보세요!

인연 : 2027년 정미년 해묘미
인연이 있고 축토 남자입니다.

아름다움은 남이 평가한다
호모 사피엔스가 느끼는 절대감각은
동일하다
He.서하진

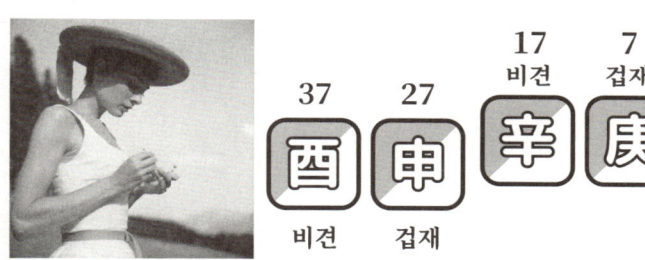

37	27	17 비견	7 겁재
酉	申	辛	庚
비견	겁재		

비견,겁재는 독립! 혼자만의 공간..

김완선님은 7세부터 46세까지 비겁의 금기운이 40년간
대운에서 흘렀습니다. 독립하여 혼자만의 공간을
추구하는 삶이 익숙한 사람입니다. 년지에 유금 비견이
대운으로 더 강하게 작용한 것입니다.

사피엔스 상담 : 김완선님은 비겁의 노력으로 명예를 가진 인생입니다.
자신만의 공간이 필요한 사람입니다. 그 공간이 자연이면 더 좋습니다.

신사숙녀 백조 증후군

인간관계를 깔끔하고 예의 바르게
하려는 본인의 잣대가 높은 사람이며
그로인해 대인을 기피하는 증상이
발생합니다.
나의 말과 행동이 상대에게 어떻게
비칠까 예민하게 생각하는 사람으로
타인을 상대하는 그 자체가 피로감을
느끼게 됩니다. 예의 바르고 고고한
백조의 모습을 꿈꾸는 사람입니다.

안녕하세요^^*
김완선님은 정관 여자입니다. 시집 잘 가는 팔자입니다.
정관 여자의 바름과 올곧음은 빛남이지 흠이 아닙니다.
물이 있는 공간을자주   찾으시면 좋습니다.
편인의 성향은 종교, 철학
코드가 잘 맞습니다.
사찰을 찾으시면
도움되시며 편인은
측은지심의 마음을
가진 사람으로 남을 돕는 삶이 귀감이 되십니다.
-He.서하진

He.서하진의
아트 칼럼 Book

사피엔스의 예술 혁명

충분히 배부른 사피엔스는
지구를 망치는 일에
집중했다.
그 곳을 우린 도시라 부른다.

피소카소는
평생 다른 화가를 연구 모방하며
미술 공부를 하였다.
그리고
평생 여자도 연구했다.
예술과 여자로
가장 솔직하고
사피엔스 다운 삶을 살았다.
그는
과학과 인문학적인 오만함을
취하지 않았다.
인간 본능에 충실하게
인간 그 자체를 표현했다.
그가
피카소이다.

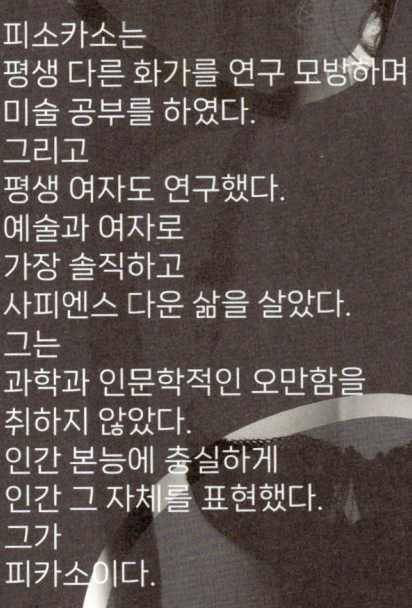

오늘날에는 피카소가 없다.
가장 본능에 충실한 예술가
그리고 열정적인 사피엔스가
현대 세계에는 나타나지 않는다.

CHAPTER
112

위인 사주

퇴계 이황

퇴계 이황은 학자로의 업적이
각인 되어 있지만
사주의 본 모습은 사업가
사주로 식상 생재가 아주
강한 형국으로 재물운이
왕성한 팔자입니다.

이황

돈 버는 기계
식상 생재

일간	상관	식신

정재	편재	식신

퇴계 이황의 태어난 시를 뺀 삼주입니다.

일지, 월지가 정재, 편재의 재성으로
재물을 깔고 있습니다.
금의 식상이 생재하여 결과적으로
돈을 버는 일에 매진하는 일생입니다.
생월의 자수 편재는 큰 재물을 말하며
재물을 움직이는 시스템을 의미합니다.
월주는 직업, 직장으로 직업이 사업가인
사주이며 식상의 금이 금생수하여 자수
편재의 재물과 시스템으로 구축한
사업하는 공간 회사를 키우는 형국입니다.

일간

정재

황금 돼지

기해일주는 일지 동물이 황금 돼지
입니다. 물상은 논과 밭의 옥토가
펼쳐진 시골에 구불구불한 시골길을
나타냅니다.
일지 해수 정재는 안정적인 재물을
취하는 사람입니다.
한마디로 부자 사주입니다.

사업가 이황:도산서원

도산서원은 사립학교,대형학원
입니다. 퇴계 이황은 시대의
선각자로 앞서간 사업가입니다.

사업가 퇴계 이황

퇴계 이황의 사주는 사업이 천직인 사주입니다.
금의 식상이 수의 재성을 생하는 금생수의
식상생재의 돈 버는 기계입니다.
성리학이라는 학문을 연구한 재능을 재물로
바꾸는 전형적인 재물 사주입니다.

일.타.강.사.

퇴계 이황은 신유년에 태어난 간여지동
식신격 사주로 월간인 경금이 상관으로
말로 먹고사는 부지런한 사람입니다.
도산서원은 요즘 시대로 사립학교,대형학원
입니다. 그 학원의 학원장이자 스타 강사가
퇴계 이황입니다. 퇴계 이황은 교육 사업가
사주입니다.

개혁가

월간의 상관을 일간 기토를 생하는
토생금의 구조로 상관은 기존 규율을 깨는
파격적인 개혁가입니다. 퇴계 이황은
과부가 된 며느리를 출가 시킨 시아버지로
당시 국법을 어길 정도로 파격적이면서
현명한 개혁가 였습니다.
위대한 시대의 선구자입니다.

사랑꾼

퇴계 이황은 일지 정재로 사랑꾼 남자이나
일지,월지 재성의 재성혼잡으로 두번 장가간
팔자입니다. 경자월의 자수 편재 아버지가 12운성
사지로 경자대운에 어린시절 태어나자마자
돌아 가셨습니다.

오드리 햅번

정인의 모성애를
가진
무관사주
여자이다.

He.서하진의
아트 칼럼 Book

오드리 햅번

일간	겁재	비견

己	戊	己

酉	辰	巳
식신	겁재	정인

안드레아 도티

일간	편관	비견

己	乙	戊

酉	卯	寅
식신	편관	정관

첫번째 결혼
1954 갑오년

오드리 햅번은 무관 사주에 기토 일간으로 갑목과 인목이 정관 남자인 남편입니다. 멜 퍼레어와 일간이 같은 기토 일간이고 년지에 사화가 공통인 사유축 삼합 인연 입니다. 1954년 멜 퍼레어는 갑진 대운에 갑오년으로 강한 갑목운에 정관 남자인 시기로 오드리 햅번에겐 완벽한 운의 정관 남자입니다. 그게 결혼한 이유입니다. 둘 다에게 1954년 갑오년은 결혼 운입니다. 멜 퍼레어는 상관 생재로 여자에게 잘 하는 바람둥이입니다.

멜 퍼레어

일간	겁재	편인
己	戊	丁
亥	申	巳
정재	상관	정인

1969년 기유년(두번째 결혼)

1969년 오드리 햅번은 41세 계유 대운의 첫해인 기유년 입니다. 대운 만남입니다. 안드레아 도티와 일주가 같은 기유 일주로 둘 다 같은 기유일주 기유년입니다. 안드레아 도티는 무오 대운에 인오술의 결혼 운이 왔습니다. 년지가 인목 정관이고 월주가 을묘 편관격 남자입니다. 오드리 햅번에겐 강력한 목의 관성 남자로 거부할 수 없는 남편이 되는 것입니다.

범죄 심리

고유정

정관.편관

무관 사주 고유정

극악 무도한 살인자가 되는
사주 조건 중 하나가
무관 사주입니다. 관이 법이면
무관은 법이 없는 사람이며 쉽게
범죄를 저지를 수 있는 사주입니다.

일간(나)　　　　식신　　　　　상관

비견　　　　　　편인　　　　　　정인

무관 사주

정관,편관은 사회적인 규범과 법칙이고 편관은 헌법을 말합니다.
무관 사주는 위법적인 성향이 강하며 관성의 통제를 덜 받는
사주 구조에 놓이는 사람입니다.
그래서 범죄 행위에 활률이 높은 사람입니다.

위법이 먼저

싸이코패스,소시오패스는 나의 목적을 위해
타인을 공격하고 위험에 빠트리는 사람인데
특히! 상대의 고통을 공감하지 못하는
사람으로 정의합니다.
하지만 범죄 행위를 실행한 후의 상태를
말하기 이전에 범죄 행위를 쉽게 할 수 있는
사람의 성향이 먼저입니다.
"행위가 먼저 입니다"
중요한 것은 무관 사주입니다. 준법 정신이
결여된 사주 구조입니다.
그런데 일반적으로 관성이 많은 사람은
팔자가 살기 힘들다고 판단하고 편관이 있으면
편관 칠살로 취급하여 고통스러운 삶을 말한다.
관성이나 칠살이 사주에 존재하면 눈치를 보면서
예의와 배려가 발휘됩니다.
하지만 무관 사주는 아나무인인 사람으로 범법
행위를 과감하게 행하는 사람이 됩니다.

무관 사주

상관

壬

고유정은 태어난 년에 천간에 임수 상관이
강하여 무관이 상관이 강하면 법을 지키려는
준법 정신이 결여된 사람의 성향이 강합니다.

19세　　　9세　　　1세

상관　　　식신

壬　　　癸

亥　　　子

상관　　　식신

식상의 발달

고유정은 대운의 흐름이 태어나면서 식상이 강하게 흐르면서
식상이 발달한 사주 구조로 손과 발의 행동이 일찍 발달하여
거침없이 일을 행하는 사람으로 성장해 왔습니다.
그리고 신유일주의 금기운의 차가움을 소유한 자아가 수대운의
우울감을 가진 채로 정신적인 불안함을 어린 시절부터 계속 길러져
온 것입니다. 년지 술토와 월지 축토는 토극수로 흙탕물의 형국은
더더욱 우울감에 빠져있을 정신 세계입니다.

식신　　　상관

사주 원국에 년간 임수 상관과 월간 계수 식신은

대운의 수의 흐름에 더 강력한 수 기운이
넘치는 운의 흐름으로 정신적으로 이미 위험한
상태에 놓여진 사주 구조입니다.

175

나르시스트

일간(나)

비견

고유정은 신유일주로
간여지동 금을 가진
일주로 예민하고
자기만의 세상이 있으며
예리함을 지니고 있습니다.
자기애성이 강한 사람입니다.
도도하고 자존심이
강한 사람이며 냉정한
모습이 드러나기 쉽습니다.

29   19

49   39

고유정은 대운의 흐름에서 19세 대운에서 신금이 오고
29세 대운에서 경금이 왔습니다.
이 처럼 비겁의 기운이 대운에서도 강하게 흐르면서
신유 일주인 비견 사주에 힘을 실어 주고 있습니다.
이런 형국이면 자기애성 성격이 더 강해지면서 자기
중심적인 사고 방식에 더 깊게 빠지게 됩니다.

비겁의 사주는
한 시간 일찍 출근하고
한 시간 늦게 퇴근합니다.
근면 성실을 뛰어넘는
부지런함의 광끼를 가진
소유자로 집요하고 치밀한
성향에 밀어 붙이는 힘이
대단합니다.
이컷은 비겁 사주의 강한
경쟁 구도에서 나옵니다.
이기고 싶은 욕망이 강하고
성공하고 싶은 바램 뿐입니다.
이것이 범죄 일지라도 같습니다.

丑 戌

편인　정인

고유정은 년지가 정인이고 월지가 편인으로 인성이 강한 사주로 머리 두뇌가 빠르고 생각하고 기획하는 능력이 좋은 사주입니다. 완전 범죄를 계획하는 두뇌형 범죄자이며 신유일주로 치밀함이 계획된 사람입니다.

己
亥

己
巳

고유정은 2019년 기해년 기토 편인과 기사월 기토 편인이 중첩되는 시기에 사건이 일어났습니다. 사주원국에 술토와 축토 그리고 경술 대운에 술토의 천간인 기토는 인성의 토가 합을 하는 운으로 인성의 가족에 대한 운이 작용하여 살인을 저질렀고 흉운에 천라와 사술 귀문관살을 타고 정신 세계를 강하게 흔들었습니다.

천라와 사술 귀문관살

고유정
영적인 운으로 미치다

배신감

庚
戌

29세 경술대운에 경금 겁재가 빼앗아 갑니다.
겁재운에 정인이 오면서 기회를 보고 있습니다.
신금 일간이 일지 유금으로 신유 간여지동이면 자존심이 강한데 경금 겁재가 못마땅할 겁니다.

亥

2019년 기해년에 해수 상관이 년간 임수 뿌리로 오면서 강력한 상관이 작동됩니다.
5월 기사월에 사화 정관 남편을 상관으로 범죄를 저 지러 게 됩니다.

177

엄인숙

모든 규칙과 인격을 깨다
상 관 대 살

엄여인

일간	상관	편재
壬	乙	丙
午	未	辰
정재	정관	편관

엄여인 사주는 무인성 사주로 대운에서 37세 이후부터 인성이 오기 시작합니다.
인성이 없는 사주는 가족애가 없습니다. 극단적으로 대운에서도 체워지지 않는
무인성 시기에 사건이 발생했습니다. 또한 정관,편관을 가진 사주로 자신의 권위와
품위를 유지하고 세우려는 성향이 강합니다. 그리고 상관의 유희와 사치를 위한
재성을 강하게 가진 사주가 대운에서 중첩 되면서 돈에 미쳐가는 형국으로 흘렀습니다.
또한 27세 대운전에 자식을 잃은 정신적인 충격이 강하게 작용했을 것입니다.
타고난 사주와 대운의 흐름으로 더 강한 범죄자로 몰아가는 사주 흐름입니다.

편재

편관

1976년 병진년에 태어났다.
병화의 강한 재물의 기운을 휘감고 세상에 나왔다.

상관

정관

1세~6세의 을미대운에 상관이 정관을 깨면서 어린 시절을 보냈으며 모든 규칙을 깨는 상관의 유희를 키우면서 성장한다.

식신

정재

7세 갑오대운에 식신이 오고 오화 정재가 오면서 식신생재의 재물을 취하는 운이 더 강해지면서 유년 시절을 보내게 된다.

작가의 말: 악마적 증후군

모든 연쇄살인범이 그렇듯이 엄인숙도 상관이 강한 사주에 정재,편재의 재성이 받쳐줍니다. 사주 구조에 상관생재를 하는 기운으로 범죄를 성공적으로 마무리하는 사주 구조입니다. 이처럼 연쇄살인의 주원인은 사주 십성중 상관입니다. 식신이 대운으로 와서 상관을 지원하고 정재,편재가 대운으로 지원되면 상관의 힘이 더 강해 집니다. 유희와 쾌락을 위한 전혀 거리낌 없는 죄의식과 과감한 범죄해위중 연쇄살인은 상관을 중심으로 여러가지 요소가 뒷받침될 때 성공적으로 이루어집니다. 특히 무인성이면 상관이 더 강력해집니다. 이처럼 상관이 악마적인 힘을 가지는 사주명과 운의 흐름이 작용할때 악마적 증후군을 가지게 됩니다.

겁재

편재

17세부터 10년 동안 계사대운에 사화 편재 운이 오면서 돈에 대한 집착을 보이고 월간 상관과 임오의 유희에 빠져드는 시기이다.

비견

편관

27세 임진대운으로 바뀌면서 본격적으로 사건을 일으킨 시기이다.
2000년 대운이 바뀌기전에 자식을 사고로 잃고 2005까지 여러건의 사건이 진행된다.

죽음은
산책이다.
길을 걷는 거와
같다.
혼자 걸어라.
둘이 걸으면
걷는 것이 아닌
경계하고
의식하며
마음이 피로해
진다.
최악이다.
혼자 걸어라.
죽는 연습이다.
평온하다.
마음이 쉬고 있다.

죽음은 산책이다

휴식하지 않는 삶은
기계화된 인간의 욕망 때문이다.

He.서하진의
아트 칼럼 Book

사피엔스 들이여 의식하지 마라.
이미 돌대가리이다.
너희들은 너도 모르지 않느냐

CHAPTER

114

안티 맘 증후군

안티맘증후군

anti 안티 맘 증후군 mom
(모성애가 결핍된 여자)

무인성 사주

사주 십성중 정인, 편인이 사주 8글자에 없는 사주를 무인성 사주라고 합니다.
연쇄살인범으로 싸이코패스 진단을 받은 엄여인(엄인숙)은 무인성 사주이고 10년 대운에서도
태어나서 사건이 진행될 때까지 인성이 대운으로 오지 않은 완벽한 무인성 사주입니다.
여자 사주에서 십성중 정인은 모성애가 강한 여자이고 편인은 반쪽짜리 모성애입니다.
일반적으로 사주 본국에 인성이 없는 경우에는 초년에 대운으로 인성이 오는 것이 일반적입니다.

모성애는 선택

엄마에게
모성애를 절대적인
가치로 강요해서는 안됩니다.

모성애 결핍

여자에게 자식에 대한 모성애는
너무 당연시 되고 있습니다.
하지만 이 모성애에 대한 의무감이
족쇄가 될 수도 있습니다.
타고난 사주에 인성이 없거나
부족한 엄마는 아이에
대한 보살핌이 관성의 의무감으론
있지만 진정한 마음이 부족해져서
자녀를 케어하는 행위가 스트레스가
되면서 산후 우울증을 비롯한
육아에 대한 거부 반응이 생깁니다.
그래서 산모에게 모성애를 절대적인
가치로 강요해서는 안됩니다.

정인=모성애

엄마와 아이의 궁합이
중요합니다

anti 안티 맘 증후군 mom
(모성애가 결핍된 여자)

모성애에 대한 공허함

아이에 대한 이성적인
책임감은 존재 하지만
모성애에 대한
실행에 대한 결핍을
타고난 증상이
안티 맘 증후군입니다.

관성혼잡 그리고 공허함

엄여인(엄인숙)의 사주에 정관,편관의 관성이 강한 사주입니다. 여자 사주에서 관성은 남자운
입니다. 또한 관성은 책임감입니다. 편관 여자 엄인숙은 모성애에 대한 책임감은 이성적으로
판단하고 존재하는 사람입니다.
중요한 것은 이 부분입니다.
머리로는 아이를 잘 키우려고 하지만 무인성으로 육아 우울증이 오면서 모성애 결핍으로
마음 한구석에 구멍이 난 상태입니다.
그 공허함을 체우려고 다른 분야에 타킷을 정하여 구멍난 공허함을 체우려고 끊임없이 시도하게
됩니다. 여자에게 모성애는 무조건적인 책임감이며 당연시 취급합니다. 모성애가 부족한
엄마를 죄인 취급하는 사회입니다. 타고난 사주 바코드는 바꿀수도 없고 바꿔지지 않습니다.
그 자체를 인정해야 합니다. 이는 여자 인생에서 모성애 해방을 고민해야 하며 더 나은 방법을
우리 모두 고민해야 합니다.

엄마와 아이의 궁합이
중요합니다

anti 안티 맘 증후군 mom
(모성애가 결핍된 여자)

정인·편인

정인,편인은 가족애를 말하며 그 성향이 강한 사람입니다.
무인성 사주는 독립적인 삶을 선택합니다.
그래서 가족과의 절대적인 교류의 삶을 무한한 가치로 인정하면 안됩니다.
지나친 가족애는 정인, 편인이 많은 그 들만의 삶일 뿐입니다.

식신, 상관은 임신, 출산만 . .

여자 사주에서
식신, 상관은
임신, 출산만을
원합니다.

대리 육아 엄마로서 모성애는 절대적 가치가 아니다

무인성 사주의 여자가 결혼하여 출산은 누구나 가능합니다. 출산은 물리적인 행위입니다. 육아에
능력이 있고 없고를 떠나서 아이를 낳을 수는 있습니다. 아이 엄마가 모성애 결핍이 있는 경우
남편이나 시어머니, 친정엄마..등 직계 가족중 인성이 강한 사람이 대리 육아를 하면 됩니다.
인성이 많은 사람은 육아 자체에 대한 갈망과 능력이 존재하며 자연스러운 일입니다.
인성이 부족한 여자는 대신 관성과 재성이 대신 발달하게 되니 자기 직업적인 삶을 살면 됩니다.

다른 삶 . .

정인, 편인의 인성은
가족, 지인등 좁은 범위의 삶을 추구하고
정관,편관의 관성은 사회와 세상밖의
대의적인 삶을 추구합니다.
삶의 가치관과 방향성이 다른 사람입니다.

엄마와 아이의 궁합이
중요합니다

물

김태희님은 물이 없는 사주로 이미지 또한 물과 관련된 디자인을 해드립니다.

물

배우 김태희

안녕하세요
김태희 입니다.
선생님 전 생각이 많고
마음이 불안합니다.
긍정적인 사람이라고
생각했는데
요즘 부정적인 마음이
저를 괴롭힙니다.
어떻게 해야 할까요?
언제쯤 낳아 질까요?

측은지심이 강한 사람

늘..생각이 많음

누구나
생각을 하며
걱정을 하고
삽니다.
편인이 강한 사람은
부정적인 생각을 하고
남을 잘 믿지 않습니다.
자신만의
세상이 있습니다.
여기서
자유로워지려면
목의 진취적인 아이디어
생각을 많이 하시면
기대와 희망의
생각을 많이 하게 되고
긍정적인 사람이
됩니다.

상담 답변:김태희님은 2025년이 10년 운이 바뀌는 교운기입니다. 이 시기에는 누구나 우울감이 오고 불안합니다. 2025년 불이 없는 사주가 용신이 온 시기입니다. 하반기로 가면서 나아지니 걱정하지 마세요 25,26,27은 큰 운이 바뀔때 대운앞으로 사건,사고와 이동수가 찾아옵니다. 26년은 관재수가 있으니 조심하시고 27년은 살인상생의 해로 편관칠살,천살,월살로 힘든 시기가 오고 그 시기를 지나시면 좋은 길운이 찾아옵니다. 화의 용신으로 대운이 바뀌니 길운과 흉운이 함께 움직이는 대운입니다.

무관 사주(남자운이 불안한 팔자)

물

물

김태희님은 사주중 삼주에 정관,편관이 없는 무관사주 여자입니다. 관성의 남자가 지장간에도 없는 운으로 반드시 두번 결혼할 팔자입니다. 2005년 을유년 첫 운이 왔습니다. 그리고 28세 병자 대운에 정관 신자진 합에 인연이 와서 2017년 결혼하였습니다. 2029년 기유년 에도 인연이 있습니다. 그리고 58세 계유 대운이 교차하는 시기에 강한 인연이 있습니다. 인연 운이 있다고 다 연결되지는 않고 연기자는 상대 배우로 그 인연이 올 수도 있습니다. 그러나 배우자와의 궁합에 따라 달라질 수는 있습니다. 그리고 귀인으로 작용할 수도 있습니다

천재

김태희님은
편인이 통근이 된 천재형
사주이며 경신의 겁재가
대운에서 인성이 흐르면서
공부에 집중된 초년운입니다.

드리는 창작시: 묘신 이야기

바다 나의 바다
난 돌고래를 타고 태평양을 건너고 있어요
목적지는 신대륙이에요

난 개척자입니다 서쪽 마녀는 나의 친구죠
나에게는 큰 칼이 있어요
바다를 가를 수 있는 마법의 칼이에요

묘신은 나의 돌고래 이름이에요
바다의 물을 다 빨아들일 수 있어요
나의 친구는 능력자에요

난 세상을 구하는 신이에요   He.서하진

모성애

이 사주는 월간 편인이
일지에 편인으로 뿌리를
둔 사주로 모성애가
아주 강한 사주입니다.

금이 강한 사주

신금 일간은 미인이
많으며 경신년 이면
금이 강한 사주로
차갑고 예민함이 있습니다.

He.서하진의 한줄 에세이..

재극인

이 사주는 태어난 월에 지지가
묘목의 편재로 통근이 된 편인과
강하게 재극인하는 사주로
일명 제테크 사주입니다.
편인이 기토 축토로
뿌리를 두어서 편향된
성향이 강하며 편법적인
방법으로 재물을 취하는
운이 있으니 평생을 정당한 방법으로
제테크를 해야 합니다. 아니면 관재수와
구설수가 반드시 오는 팔자입니다.

작가의 말 : 안녕하세요 김태희 배우님

사주는 지혜입니다. 지혜를 구하는 것입니다.
나의 삶에 안내 표지판을 알아보는 기회입니다. 경신년의 쫓기는
강박감과 편인격의 생각의 굴레로 부정적인 불안함아 존재하는
이 사람은 화의 결정이 부족한 삶과 수의 윤활유가 절실한 인생입니다.
각자의 종교와는 상관없이 나를 알아가는 과정입니다.
단순히 점을 보는게 아닙니다. 이성적인 자기 문제의 상담과 반성이
깃들여진 위로와 격려입니다.

甲
戌

이제 곧! 48세 갑술 대운이옵니다.
갑목 편재와 술토 정인이 오면서
재극인이 강하게 작용하는 대운으로
경거망동한 투자는 피하는게 좋습니다.

배
우

김
태
희

식신

이 사주는 무식상 사주로 물이
식상인 사주입니다. 년주 지장간에
임수 상관이 있지만 계수,자수 식신이
필요한 사주로 배우로서 꼭! 필요한
십성입니다.

추천 음악: Words -F.R. David

김태희님은 금이 강한 사주로
예민한 사람입니다.
경쾌하고 로맨틱한 음악을 들어면서
기분 전환하시고 감성을 릴렉스
시켜주는 음악이 좋습니다.

일간	편인	겁재
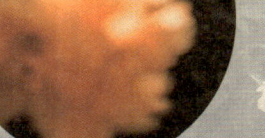辛	己	庚
丑	卯	申
편인	편재	겁재

김태희님 태어난 시를 뺀 삼주입니다

귀인..

58세 계유대운에 이별수가 옵니다. 2036년 병진년에
진토는 신자진 인연 합으로 귀인이 오고 넘어가는
2037년 계유 대운에 강한 사유축 합의 인연수가 옵니다.
귀인으로 오는 남자가 있습니다. 이 사주는 화의 세(년)운에
강한 인연이 찾아오는 무관 사주로 불이 곧 이성의 인연이자
귀인으로 오게 됩니다. 붉은색 해를 주목하세요

He.서하진의 한줄 에세이..

CHAPTER

115

죽음을 기억하라

마릴린 먼로

일간   식신   정관

辛   癸   丙

酉   巳   寅

비견   정관   정재

정관 여자 마릴린 먼로

바름, 올곧음

마릴린 먼로는 정관 여자로
년간 병화 정관이
월지에 사화 정관으로
뿌리를 내린 사주이며
일주가 간여지동으로 신강한 사주입니다.
정관 여자답게 배우들의 처우 개선과
영화계 발전에 기여한 노력이 많습니다.
옳지 않은 일은 그냥 두고 보지 않는 정관 여자입니다.

남자보는 눈이 높음

정관 여자는 남자 보는 눈이 높습니다.
그래서 시집 잘 가는 여자 입니다.
지위 높은 남자들과의 스캔들 또한 정관 여자입니다.

태어난 월의 천간에
계수 식신으로
배우가 된 삶입니다.
년지의 정재는 타고난
재물복이 있습니다.
지장간 경금 겁재가
계수 식신과 합하여
직업에서 일을 빼앗기는
구설이 따르는 팔자
입니다.

29세 대운

겁재

庚
寅

정재

죽음의 시간 . .

마릴린 먼로는
사주 원국에 인사신 삼형살이 있습니다.
29세 경인 대운에 지지에 인목이
오고 천간에 경금이 오면서 인목과 지지 신금의
인신형의 기운이 강한 대운이 오면서
흉운을 암시하고 있습니다.

별이 되다

일간
辛
酉
비견

식신
癸
巳
정관

정관
丙
寅
정재

정관격의 정관 여자

별이 되다

1926 0601

1962 0805

정관의 바름.올곧음이 빛나는
마릴린 먼로를 기억하라.

1962년

상관

壬
寅

정재

1962년 임인년에
인사신의 인목이 지지로
오면서 인사신이 중첩되는
기운으로 그 때가 왔음을
암시합니다.
천간의 임수는 정관 남자와
병임충으로 스캔들의 흉운을
예견합니다.

8월

정인

戊
申

겁재

8월..무신월에
지지 신금이 오면서
경인 대운의 경금 뿌리가
지지로 왔습니다.
인사신 삼형살의
기운이 더 강력해집니다.

개혁가 . .
마릴린 먼로

4일 갑술일에서 5일 을해일

을해일 을목이 경금.신금의 금기운에 사고수를
암시하며 4일 갑술일과 5일 을해일에 걸쳐서 사건이
진행되면 사술 귀문과 해수의 음산한 물기운이 작용하였습니다.

The 법정
위불 대종사 **법정** 불 들어 갑니다

스스로를 비구라고 했지만 많은 이는 대종사

큰스님 중에 큰스님이시다.

법정은 연원히 사신다.

무소유 뿐 아니라

왜 종교가 존재 하는지

자비가 무엇인지

본인이 쓴 책의

인세

수백억을

남을 위해 헌사하신

분이시다

법정 그가

붓다이다.

**He.서하진의
아트 칼럼 Book**

인 류 애

종교의 존재 이유는 이웃에 그 마음이 있다.

인간이 만든 종교는 이웃이 신이다.

타인을 신처럼 모셔라.

특히 처음 본 모르는 이가 네가 모실 신이다.

신이 내린 사주

한강 작가

신이 내린 사주

천라지망 한강 작가 ..

노벨 문학상을 받은
한강 작가님의
사주에서 천라지망살 중에
술해 천라가 강한 사주로
천라는 하늘의 신을 의미하며
역적인 코드가 강한 사람입니다.

생일 　　생월 　　생년

  戌

해수 　　해수 　　술토

한강 작가님의 사주는
일지, 월지에 해수가 년지의 술토를 만나
술해, 술해가 반복되는 천라, 천라가
중첩되는 구조로 천라지망살중 천라가
아주 강한 사주입니다.
원래 천라는 하늘의 그물을 말하는
흉살이지만 길하게 작용하면
신이 천재적인 능력과 행운을 주는
사주 명식입니다.
신이 글쓰는 능력을 준 사람입니다.

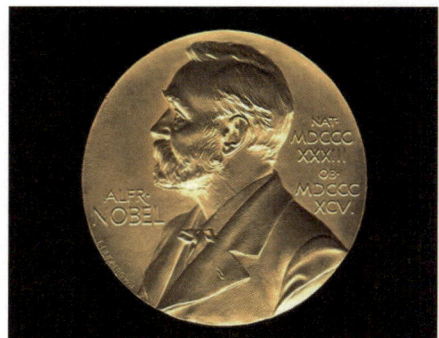

**천라지망살의 기운으로
노벨상을 받다**

정재

이 사주는
지장간에 갑목 정재가 일지, 월지의 상관과
상관 생재하여 재물이 따르는 사주이며
지장간에 재물이 발복하는 시기가 오면
횡재운이 발생하는 팔자입니다.

일지   월지

상관   상관

타고난 천재 문학가

해수 상관 병존

해수 상관은 문학, 글쓰기, 작가를 말합니다. 이 해수 상관을 가지고 태어난 사람은
문장력을 타고난 사람입니다. 글쓰기를 좋아합니다.
한강 작가님은 이 해수 상관이 중요한 자리인 일지, 월지에 상관이 나란히 있습니다.

신금일간으로 해수 상관이 일간과 금생수하여
일간이 상관을 생하는 구조는 모든 에너지가 생각하고
글 쓰는 일에 집중되어 있습니다.

이 상관이 나란히 병존인데 그 힘이 천라로 와서 신적인 재능을 가지게 된 것입니다.
상관 병존이 천라가 되면 천재 작가가 되는 것입니다.

바다와 같은 공상가

해수는 바다이다. 해수 상관은 생각을 많이 한다.
공상가 사주입니다. 스토리를 머리 속으로 혼자 생각하고 또 생각합니다.
이미 혼자 머리 속으로 소설을 쓰고 있습니다.
태어나면서 매일 매일 죽을때까지 생각하고 또 생각합니다.
이미 작가의 삶은 정해져 있는 팔자입니다.
한강 작가님은 타고난 문학가입니다.

신이 내린 사주

천라지망 한강 작가 . .

노벨 문학상을 받은
한강 작가님의
사주에서 천라지망살 중에
술해 천라가 강한 사주로
천라는 하늘의 신을 의미하며
역적인 코드가 강한 사람입니다.

일주　　월주

금여　　금여

상관

편관

금여록:황금수레를 끄는 사주 팔자입니다

이 사주는 일지,월지에 모두 금여록이 있는 재물복이 많은
사주이며 특히 횡재수가 강한 사주입니다.

46세 임오대운 끝자락에 상을
받았습니다. 임수 상관이 대운의
천간에 오고 오화 편관이 정화 편관
뿌리로 온 시기입니다.
갑진년 갑목 정재가 묘지운에 땅의
재물이 밖으로 나오는 때입니다.
이미 지장간에 갑목 정재의 수생목이
임오대운 갑진년에 길운이 왔습니다.

천라지망살의 기운으로
노벨상을 받다

작가의 말:사실 이 사주는 금,수,토로 이루어져 기본적인 우울감이 있는사주 명식
입니다. 정화의 편관 칠살로 고통도 따르는 삶입니다. 그리고 경금, 겁재의 강박증도
있습니다. 또한 대운이 신사로 금이 추가 되고 화가 뿌리를 두게 되는 시기입니다.
관이 강해지고 수극화의 정신적인 힘듬이 강해지는 흉운입니다. 인간은 누구나 길과
흉이 교차합니다. 누구도 예외는 없습니다.
태어난 년에 정인의 측은지심이 노년의 대운에 펼쳐집니다. 남을 생각하는 따뜻함
입니다. 아마도 한강작가님의 글의 주제가 세상을 보살피고 사람을 치유하는 맑은
글이 쓰이실 것 같습니다. 자연을 찾아 건강을 유지하시길. .

상관대살 : 편관 남자와 맞서는 사주 명식입니다.
순탄치 않은 배우자 운입니다.
해묘미의 미토 남자는 양띠나 토끼띠 남자입니다.
이번 정관 대운에도 인연은 있습니다.
2027년 정미년 입니다.
편관 여자입니다.

어린왕자와 장미꽃

생떽쥐베리는 어린왕자의 마지막 페이지에
이 책을 읽고 있는 독자 여러분은
소혹성 B612에 어린왕자가 보살피던
장미꽃은 죽었을까요? 살아 있을까요?
라고 질문합니다.
어린 왕자가 두고 온 장미꽃에 대한
생존 여부를 묻는 질문이 아닙니다.
장미꽃은 상징적으로 어린 시절 가졌던
꿈과 장래희망입니다.

.
어린왕자 책을 읽고 있는
어른들에게 하는 질문입니다.
어린시절 꿈! 그 꿈을 다시 생각해 보라는
작가의 메세지입니다.
어른이 된 지금!
다시 꿈을 가져 보세요!

He.서하진의 **한줄 에세이..**

전쟁이야기

영토 전쟁
종교 전쟁
이념 전쟁
그리고
AI 전쟁
이 것은
착각이다.
지구 자연과
사피엔스의
전쟁이
시작되었다.
전염병으로
죽고
산불로 죽고
가뭄으로 죽고
홍수로 죽고
각 나라에
일년에
100명.1.000명
한 만명 죽어면
공포심에
이상 기후에 집중
할 것이다.

아직은 소수의
사망자 수준이니
남 얘기인듯 살고 있다.
더
더
더 죽어야 한다.
바이러스 전염병
진드기.모기.벌레등
아열대 기후
이상 기후
마지막은
박테리아
슈퍼 울트라 박테리아
항생제가 듣지 않는다.

난 AI와 결혼해
나 ai 야!

지진으로
한
만명씩
죽는 건
옵션이다.
화산 폭발로
한 100만명
죽는 것도
옵션이다.
죽고
죽고
공포
죽고
공포
.
.
양자컴퓨터
님이
살려줄거야
.
이미
사피엔스는
타락했고
선을 넘었다.

길 고양이들은 기후 변화에
지금 대비해서 훈련 중이다.

이창호

천재중에 천재

이.창.호

丙

병화 일간으로
일주 을묘가
일간 병화와
목생화하여
정인의 천재성이
태양으로 더 강해지는
기운입니다.
천재 이창호 9단
국수입니다.

17

7

巳

午

7세 대운이 오화
17세 대운이 사화
태어난 대운이 미토입니다.
을목.묘목의 천재 정인을
화(불) 대운이 강력한
불(태양)로 나무를 키웠습니다.

정인

乙

卯

정인

이창호님은 1975년 을묘생으로
사주 십성중 정인이
간여지동으로 정인격의 사주입니다.
정인은 머리가 총명하며 암기력이
좋은 사람입니다.
태어난 년에 인성이 강하게 오면
특히! 천재성이 초년부터 강하게
드러나게 됩니다.

정인:머리가 총명하고 암기력이 좋다

천재중에 천재

이.창.호

정관 癸

未 상관

1세부터 6세까지

이창호님은
태어난 시기 대운이
계미 대운으로
미토 상관의 재능을
타고난 사주로
바둑을 하게 된 이유가
타고난 상관의 기술적 재능이
그 이유입니다.

未 상관

여름생의 병화 일간

미월에 태어난 이창호님은
여름의 뜨거운 기운의
상관으로 그 재능이
일간 병화와 화생토로
일간이 빛나는 사주입니다.
바둑의 재능이 남다른 사주 구조입니다.

정관 癸

未 상관

상관의 타고난 재능

이창호님은
생월이 계미월로 직업에 해당되는
월주의 지지인 미토 상관이
월궁 자리에 놓이면서 상관의
재능이 남다른 천재성을
발휘하게 되는 사주 구조입니다.
월지 상관 미토의 지장간에 을목
정인이 중첩 되면서 손과 발의 재능과
두뇌형의 장인이 되는 형국입니다.

상관:월지 상관의 타고난 장인 사주

반 집 승

정관

정관

정관격 이창호

이창호님은
태어난 월의 천간이 계수 정관이
일지 자수 정관으로 뿌리를 내린 사주로
정직하여 바름과 올곧음을 갖춘 인격의
소유자로 상대를 배려하는 마음이 깊은
사람입니다.
이는 양보하는 마음의 대국으로 방어적인
그의 전술은 정관격의 사주가 바둑에서
드러난 경우입니다.
특히 스승과의 대국에서 배려하고 양보하는
심성은 스승에 대한 예의가 남다른 이창호
입니다. 또한. 정인격의 사주는 타고난 을묘생의
강한 정인의 기운으로 생각하고 또 생각하는
신중함이 이창호만의 바둑 스타일을 탄생 시킨
것입니다.

스승에 대한 예의

이창호는 정관의 올곧음으로
스승을 대하기 때문에 바둑 대국에서도
양보하고 기다리는 대국 스타일이 나온 것이고
스승에 대한 예의가 남다른 사람입니다.
반집승은 이러한 그의 타고난 성정에서 나온 것이고
정관격의 바름이 이창호입니다.

올데이 프로젝트 애 니

일간	비견	비견

편재	편인	정관

이 사주는 천간이 같은 오행으로
종격사주로 귀격 사주입니다.
지장간에 신금 비견과 경금 겁재로
투관된 완벽한 종격 사주입니다.
지지가 골고루 정관.편인.편재의
기운으로 초년에 용신 금생수 운이 식상으로
왔고 현재 갑진 대운에 진토가 정인으로
귀인복이 따르는 시기입니다.
대운이 바뀌면서 정관운이 중첩되면서
직업에 큰 복이 오는 상승세 기운을
타고 있습니다.
앞으로 30년 화대운이 오는 사주로
천간의 금을 화극금하여 재물로
만드는 기운이 있으나 편관운이 강하게
올때 흉운이 오며 수가 없는 사주로
메마른 몸에 건강의 적신호가 오게 됩니다.
금기운이 강한 사주는 뼈가 부러지는
사고수에 특히! 조심해야 합니다.
신묘일주의 절지는 끊어지는 기운으로
재물에 타격을 받을 수 있습니다.
34세 을사 대운에 일지 편재가 뿌리를
두는 시기로 사업운이 오게되며
2035년 재물의 큰 손실이 오는 흉운이
있습니다.
태어난 년에 지지가 정관인 정관 여자로
남자의 능력을 보는 여자로 일지 편재는
결혼 생활에서는 자유로운 성향의
여자 팔자입니다. 식상이 없는 사주로
자식운은 불리하며 이른 나이에 출산을
하는게 좋습니다.

He.서하진의 한줄 에세이..

갑목 식신

장원영님은
태어난 년에 찬간이 갑목 식신입니다.
일간 임수와 수생목하여 예술적
재능이 뛰어납니다.
손과 발의 재능을 가진 범위가
국가적이고 세계적인 범위의
소유자입니다. 일지 오화 정재와
식신생재하는 사주로 원하는
목표를 이루는 힘이 강한 사람입니다.

식신
甲

장원영님은
일간이 임수이고
월간도 임수입니다.

또한 년주, 월주 지장간 중기에 임수가 병존입니다.
비견은 나와 같은 경쟁자입니다. 임수 병존이 천간과
지장간에 동시에 존재하는 비견다자로 같은 여성들에게
시기,질투로 구설수가 있습니다. 그래서 비견다자
여성은 같은 동성 여자보다는 남자가 많은 직업이
좋고 친분 관계도 남자가 많은 것이 삶에 유리합니다.
이 사주는 월지,년지 신금이 일간 임수와 금생수이며
년간 갑목이 일간 임수와 수생목하는 성공 사주입니다.

己

이 사주는 일주 지장간 중기에 정관 남자가
있습니다. 이 사주는 무관 사주로 지장간에
인연이 숨어있습니다. 지장간이지만 정관이
있는 정관 여자로 시집 잘 가는 여자 팔자입니다.
토의 정관이고 지지에 신자진 인연으로 진토 용띠와의
인연이 강합니다.
28세 기사 대운과 38세 무진 대운에 정관,편관의
관성 대운으로 결혼 운이 오는 시기입니다.
18세 경오 대운인 2029년에 관인상생의 좋은
인연이 옵니다. 대운이 바뀌는 교운기에 결혼운이
오는 사주이고 분명한 인연법이 있습니다.

巳

장원영님은 태어난 년에 신금 편인이 있고 월지 신금과 나란히 병존으로
금 편안의 총명한 사람으로 금의 병존이니 천재적인 두뇌의 소유자
입니다. 일간이 임수이니 더욱더 독서,공부,연구를 하는 공부과입니다.

편인

편인

아이브 장원영

태극귀인 관귀학관
학당귀인 문곡귀인
월덕귀인   이러한 귀인살은 편인의 사주와 연결되는 선생 사주로
남을 가르치고 연구하는 팔자라는 의미입니다.

아름다운 것은 변화지 않습니다.
다만 내 마음만 변화고 있습니다.
익숙해서 소중하지 않는
자연입니다.
구름과 바람은 언제나 내 마음입니다.

드리는 창작시: "프로방스 소녀"

강아지는 아가씨 편이에요
고양이도 아가씨 편이에요 나도 너도 우리 모두요
요즈음 아름답고 상쾌해요 괜찮아요 편안해요

바닷가 등대는 은하수와 같고
밤하늘 은하수에 돛단배가 노를 저어
나에게로 와요

난 약속해요 나를 믿어요
저 창공은 창문을 열면 날아 오를 수 있어요
난 날개가 있어요

자 이제 나의 손을 잡아요 그리고 웃어요
어젯밤 꿈에 천사는 당신을 고요히 잠자게 해요

강아지를 스담스담 고양이를 스담스담
흰 강아지와 검정 고양이는
나에게 부비부비 살랑살랑 해요

빨래줄의 빨래와 잠자리는
아날로그 라디오를 듣고 있어요
난 고요히 낮잠을 자요 난 프로방스 소녀에요

He.서하진

午

이 사주는 일지가
정재인 재물을
모으는 사람입니다.

오화 정재는 재물을 펼치는
힘이 더 강하며 년간 갑목과
식신생재하여 돈 버는 기계
와 같이 재물이 따르는 팔자
입니다. 지지에 편인과
정재는 재극인의 형국으로
재테크로 재물을 취하는
구조로 욕심이 화를 부를 수
있으니 조심해야 합니다.

庚

午

18세 부터 10년 운인 경오 대운은
재극인 대운입니다. 재물 대운입니다.
2025.2026.2027년은 대운에 해당되는
세(년)운으로 특히 재물이 따르는
시기입니다. 그중에 2026년 병오년은
재물에 관재수가 있으니 조심하세요

CHAPTER
118

신사 숙녀 백조 증후군

신사숙녀 백조 증후군-신소율

도덕군자형 성향으로 바르고 올곧음이 목표인 사람입니다.
그로인한 이상징후 및 다양한 스트레스 증상이 발생하는 현상입니다.

신. 칭찬 받아 마땅 합니다

정관
亥

소.

정관
子
정관

정관 여자

배우 신소율님은
월간, 일지가 대각선으로
뿌리를 둔 강력한
정관 여자입니다.
배우 신소율님은
천사입니다.

율.

천사 신소율

천 사

경의를 표하다

경의를 표하다
대의를 위한 삶을 지향하는
신소율님께 경의를 표합니다.
세상 사람들은 타인을 힘들게하는
불량한 사람들이 더 많습니다.
그들은 관성이 부족한 이들로
스스로의 말과 행동을 자기
합리화하여 유두리있게 살아라
라고 변명만 할 뿐입니다.
그런 무리들이 인간사에는
더 많습니다.
규칙을 따르고 법을 지키는 것이
정신적으로 문제가 있다는것
자체가 문제 일 것입니다.
오늘도 시궁창속에서
정직하고 모범적인 삶을 사시는
정관들에게 박수를 보내 드립니다.

사피엔스 상담소

상담 : 신소율님의 정관 바름의
사고는 문제가 없으며 지키며
사시길 바랍니다. 그 바름의 행위를
환경 운동이나 봉사 활동으로
행하시면 본인의 가치관을 소비하는
좋은 출구가 될 것입니다.

204

도덕군자형 성향으로 바르고 올곧음이 목표인 사람입니다.
그로인한 이상징후 및 다양한 스트레스 증상이 발생하는 현상입니다.

일간

병화

따뜻하고 밝은 병화일간

신소율님은 병화일간 여자로
본 바탕은 밝고 따뜻한 사람입니다.
병화는 태양 입니다. 세상을 밝히고
자연의 식물을 키우는 엄마입니다.

정인

엄마 · 정인

정인은 엄마이고 모성애 입니다.
정관, 정인의 훌륭한 모성애를 가진
여자로 태어 났습니다.
목생화로 년간 을목이 일간 병화 나를
생하는 구조입니다. 정인은 소통왕
입니다. 사랑스러운 정인입니다.

상관 병존

상관

상관

신소율님은
년지 축토 상관과 월지 미토 상관이
나란히 병존입니다.

말하고 싶다

상관은 말빨입니다.
말하고 싶다. 말하고 싶다.
상관이 병존으로 할 말은 해야 합니다.
문제는 정관을 상관이 깨는
상관대살이 작용하면서 정관의
생각이 맴돌고 있습니다.
강한 상관과 강한 정관이 충돌할때
년간 정인의 생각으로 멈추어 있는
특이한 사주 구조입니다.
이로인해 자미 원진살로 스트레스를 주고
있습니다.
월간 정관이 일지에 강하게 뿌리를
두고 있고 축미충으로 상관이 힘을
재대로 못 쓰고 있습니다.

사피엔스 상담소

상담 : 상관의 재능중 문학이 있습니다.
하고 싶은 말을 글로 표현해 보세요!
일기장도 좋고 습작도 좋습니다.
작가가 되어 보는 것도 좋습니다.
글을 쓰 보세요! 상관이 병존이면
타고난 문학가입니다.

사피엔스 상담소

상담 : 신소율님은 41세 무자 대운에
자녀운이 왔습니다. 대운이 바뀌면서
무토 식신의 양기운 자식이 태어납니다.

병자 일주 여자

요조 숙녀

일간

정관

품위있는 병자일주 여자

병자는 자수의
밤에 밝은 불빛입니다.
홍등가로 표현됩니다.
유흥의 에로스가 있는 형상입니다.
이런 분위기에 자수가 정관입니다.
정관 여자는 도도합니다.
품위를 중요시 합니다.
에로스도 품위있게 표현하려는
요조 숙녀입니다.

관을 깨다

사피엔스 상담소

상담 : 정관.편관의 관성 여자는 관의
정숙함이 지나치게 작용됩니다.
그래서 스스로를 보수적인 틀에 가두려 합니다.
화장하고 야하게 옷을 입어보세요!
나를 드러내는 노출 연습을 해보세요!
관성 여자는 인기녀입니다. 귀인은 나를
드러내는 기운이 만개할때 찾아옵니다.

▎ 곁을 주지 않는
지나친 정숙함은 귀인을 놓친다

정관, 편관의 관성 여자는 절제된 여성스러움의 소유자이며
일생에 남자운이 많습니다. 다가 오는 남자는 모두 귀인이므로
마음에 없으면 거리는 두되 내 치지는 마세요!

He.서하진

미술을 말하다

다빈치는
과학을 그렸다

모네는
빛을 그렸다

르느와르는
인생의 환희를 그렸다

뭉크는
세상의 어둠을 그렸다

모딜리아니는
연인과의 사랑을 그렸다

박수근은
대한민국을 그렸다

크림트는
여자를 그렸다

세잔은
설계를 그렸다

앤디 워홀은
인기와 돈을 그렸다

피카소는
미술공부를 그렸다

밀레는
농촌을 그렸다

고흐는
진짜 그림을 그렸다

난
살아있는 생명
자연 그대로를 그리고 있다

He.서하진의 한줄 에세이..

요리하는 철학자

일본에 요리하는 철학자 나카히가시씨는
자신의 텃밭에서 키운 재료 위주로
카이세키 요리를 하는
미슐랭 선정 식당을 운영하고 있습니다.
텃밭의 식재료를 입으로 씹고 맛본 후에
요리에 식재료로 사용합니다.
그 식재료와 대화하며 감사한 말을
전할 만큼 식물과의 교감으로 자신만의
요리 철학을 가진 요리 대가입니다.
한국의 방랑식객 임지호님과의 만남도
가졌습니다. 두 대가의 요리에 대한 열정을
나누는 모습은 정말 큰 울림이 있었습니다.
저 또한 자연주의 요리를 추구하는
한 사람으로 자연의 식재료를 다루는
마음은 고마움과 감사함이 진심으로
요리에 표현될 때 자연주의 요리의
경지에 오를 수 있을 것입니다.
나카히카시씨가 텃밭에서 식물과 대화하는
장면은 정말 인상적입니다.

소우지키:풀을 씹어 먹다

He.서하진의
아트 칼럼 Book

CHAPTER

119

매화 아씨 증후군

매화 아씨 증후군

매화 아씨 증후군의
본 바탕은 외로움입니다.
그 체워지지 않는 공허함이 이성에
대한 갈망으로 이어지며 금사빠의 성향이
강해집니다. 주로 화(불)가 많은 사주로
밝은 성격의 소유자들이 많습니다.

매화 아씨 증후군

한 여름에 피는 매화꽃

매화 아씨 증후군은
일반적인 조울증,예민한 증상만을
나타내는 현상은 아닙니다.
겨울과 여름의 뒤바뀐 상황에서
발생하는 공허함입니다.
이성을 원하지만 좋은 인연이
오지 않는 상황에서 밀려오는
외로움입니다. 그 외로움의
공허함이 조울,예민과 섞여있는
증상들이
매화 아씨 증후군입니다.

방은희

매화 아씨 증후군

수(물)=겨울
화(불)=여름

매화꽃은 겨울에 눈속에서 핀다.
하지만 매화가 뜨거운 여름에
피는 이상 현상입니다.
이는 사주에서 불이 강한 구조에
물이 부족한 매마른 사주 입니다.
이로인한 감정의 과도한 변화로
문제가 발생하는 증상입니다.
증상으로는
조울증,화병,극예민함..등의
감정 컨트롤에 문제가 생기는
경우입니다.

불의 화신

일간

미토는 사오미의 여름으로
불기운입니다.
이 사주 불구덩이 사주입니다.
정화,사화,미토의 화기운이
가득한 오행에서 물이 없어
불리한 기운이 반드시 있는
사주 구조입니다.

조증은 불입니다.
미토는 뜨거운 토로
오히려 화보다 미토가
더 열기가 많습니다.
텐션이 강해지는 이유입니다.
불이라는 열기를 말할때
미토가 더 강렬해집니다.

편인

편인

배우 방은희

배우 방은희님의 사주에서
미토 편인은 일간 신금을 토생금으로
생하게 되는 구조로 아주 강한 편인
사주입니다. 편인은 생각이 많고
편향된 취향의 소유자 입니다.
자가만의 세상에 갇혀있는
사람입니다.

매화 아씨 증후군

수(물)=겨울
화(불)=여름

한 여름에 피는 매화꽃

매화 아씨 증후군은
일반적인 조울증.예민한 증상만을
나타내는 현상은 아닙니다.
겨울과 여름의 뒤바뀐 상황에서
발생하는 공허함입니다.
이성을 원하지만 좋은 인연이
오지 않는 상황에서 밀려오는
외로움입니다. 그 외로움의
공허함이 조울.예민과 섞여있는
증상들이
매화 아씨 증후군입니다.

고란살

을사 대운에 태어났고
을사월에 태어 났습니다.
태어난 대운에 고란살이 왔고
생월에 고란살이
왔습니다.
배우 방은희님은 외로움을
가지고 태어난 팔자입니다.

홀로 외로운 팔자가
고란살입니다.

방은희님은 타고난 멋쟁이입니다.
을사는 패셔니스타입니다. 감각적인 사람입니다.
외로움을 채우기위해 자신을 꾸미는 것입니다.

일간

신금일간은
미인들이 많습니다.
신금의 보석처럼 예민함이
있습니다.

금사빠 사주는
화생토로 관이 미토 편인과
합하는 구조로
쉽게 사랑에 빠지는
인성 사주입니다.

편관

해묘미의 삼합 인연이 강하며
토끼띠 남자와 인연이 있으며
해수 글자가 지지에 있는 이성이
좋습니다. 물이 있는 인연이
용신 인연입니다.

정관

방은희님은
년지의 편관이 일간 신금을
극하는 구조인 정신충이
작용하여 편관 남자가
나를 극하는 구조입니다.
관이 많은 사주는 대개 결혼운
많습니다.

누구나 인생은 외로운 길이다
자연이 그 외로움의 벗이 된다

-He.서하진

임 수 정

3자 작명 예시

酬 갚을 수

晶 맑을 정

澂 빨리흐를 별

임수정님의 사주는 토가 강하고 지장간에 목이 편관으로 병존인 사주로 갚을 수의 유금은 식신의 뿌리가 되어서 연기에 도움이 되고 수가 없어 재물이 부족한 사주로 빨리 흐를 별자로 재물을 보충하는 3자 작명이며 장수하는 이름자입니다. 이미 맑을 정자는 화생토로 좋습니다. 편관이 강하여 결혼 운이 불리하니 목 기운 편관의 힘을 빼는 금이 필요합니다.

이름:임 수 정
아호:수 정 별

3자이름:임 수 정 별

임수정님 2자 이름을 3자 이름으로 한자를 바꾸고 추가하여 다시 작명 하였습니다 사주를 하나 더 추가 하여 이름이 부적의 힘을 가지도록 좋은 길운을 넣어 드렸습니다. 내 팔자를 길하게 합니다. 부족한 기운을 더 넣기 위해 한 글자 이름을 추가하면 3자의 긴 이름은 장수하는 특별한 기운이 있습니다.

식신
辛

卯
편관

乙 편관   乙 편관

지장간에 을목 편관이 나란히 쌍으로 병존입니다.
이는 **숨어있는 편관 남자가 강하게 존재하는** 팔자입니다.
특히! 태어난 일에 지지가 묘목 편관으로 편관 남자와의 만남이 더더욱 강한 사주 입니다.

태어난 월에 천간에 신금은 날키로운 식신으로 섬세한 면이 있습니다.
그녀의 연기는 이 신금 식신에서 나오며 일지 묘목 편관이 강단이 되어서 장점으로 이끌어줍니다.

일지 편관인 편관 여자 입니다.
보수적이고 책임감이 강하며 여자 여자하는 성향입니다.

해 묘 미 삼합 인연

이 사주는 지지 구조가 묘 미 미로 해묘미 삼합 인연이 강한 사주로 해묘미에 제한된 인연을 가진 사주로 지장간에 을목 편관은 이 삼합 인연을 더 강하게 해줌으로써 제한된 사람과의 연애운이 작용하는 팔자입니다.

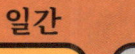
일간   식신   비견

己   辛   己

卯    未    未
편관   비견   비견

비견다자

임수정님 사주는 토의 비견 다자로 우유부단,선택장애등의 성향이 있으나 무인성,일지 편관,월간 금의 식신으로 의외의 결단력과 강단이 있는 사주 구조입니다.
토의 부드러움은장점입니다.

결혼 ‥

49세

丙
子

이 사주는 2025년 을사년에 2년 일찍 대운이 교체하는 기운에 길운이 온 형국으로 양력 7월 계미월 생일을 기점으로 큰 길이 오는 시기입니다. 2027년 병자 대운에 결혼 운이 오며 전대운인 을해 대운에 을목 편관 운에도 연애운이 있습니다. 해묘미의 해수가 온 시기로 연결되는 병자 대운에 교차하는 2026년 병오년과 2027년 정미년에 미토가 삼합으로 작용하는 화개살 운에 결혼 운이 강하게 작용합니다. 이 시기가 인생에서 축복인 때입니다.

He.서하진의 한줄 에세이‥

일간	편재	정관
乙	己	庚
卯	卯	寅
비견	비견	겁재

가왕 조용필님 시주를 뺀 삼주입니다.
묘월생으로 봄의 생동감이 있고
을목일간으로 일지,월지에
강하게 뿌리를 둔 사주 구조입니다.
가수 조용필님 처럼 비겁다자들은
경쟁을 의식해 참고 노력하여
성공하는 자수성가형 사람입니다.
일주가 을묘는 예술가적인 성향이
강하며 고집 또한 강한 사람입니다.
누가 쫓아 오는 듯한 강박에 사는
사람입니다.

He.서하진의
아트 칼럼 Book

비겁다자는
자기애성 성격장애인 나르시스트 인자를
가진 사람으로 나머지 글자에 따라
정도가 다릅니다.

CHAPTER

120

나르시스트

나르시스트

사주에서 비견 다자는
나르시스트 인자입니다.
여기에 금이 강하고 편관,편인이
오면 자기애성 인격장애가 완성됩니다.

비견은 나이고 영어로 I 입니다.
내가 많은 사주 구조가 비견 다자입니다.

비견다자

이은해

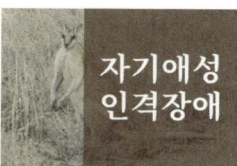
자기애성 인격장애

비견

비견

비견

이은해는
일간, 월간, 월지가 모두 토의 비견으로
비견 다자 사주입니다.
비견은 나이고 비견이 많으면 내가 많은 것입니다.
자기애가 강한 사주 구조입니다.

이 은 해

비견과 편관의 결합

비견 다자의 극단적 자기애는
강한 경쟁 의식에서 나옵니다.
여기에 편관의 자존감이 더 해지면
자기애가 권위를 가지면서 자아도취나
자기 중심적인 이기적인 삶을 살게 됩니다.

비견다자

나르시스트

작가의 말 : 이은해의 사주는 일간을 나머지 글자가
생하는 성공 사주입니다. 사주가 좋습니다. 문제는
일지 편관과 비견 다자를 이루면서 자기애와 자존심이
아주 강한 사람이 불우한 환경에서 문제가 발생한
것입니다. 년간 편인이 인성을 만나서 운이 좋게
흐를때는 측은지심의 아주 바른 사람이 됩니다. 사실
이은해는 모성애가 강하고 책임감도 있는 사람입니다
특이한 사주명과 불리한 대운의 흐름속에 자존심이
강한 사람이 환경의 결핍으로 극단적인 흉운을 키우게
된 것입니다. 강력 범죄자를 두둔할 마음은 없지만
범죄자에서 행위를 빼고 인간 자체로 바라보지 않으며
범죄행위 수사와 연구에 도움이 되지 않습니다.
한 사람의 인간으로 보아야 진실을 알 수 있습니다.

비견의 경쟁심은 타인이 아닌 내가 남을 이기기
위해서 입니다. 그래서 집중하고 열심히 합니다.
이것이 지나치면 물불 가리지 않고
행하는 것 니다.

일간

己

卯
편관

비견

己
丑
비견

상관

庚

午
편인

편인

이 사주는 태어난 생년에 오화 편인이 생각하고 계획하는 집요함이 뛰어나며
총명함으로 성공시키는 능력이 있습니다.
오화 편인이 비견 3개를 화생토로 지원하면서 비견이 더 강력해지면
자기애성 인격이 더 힘을 받습니다.
축월인 겨울생의 일지 묘목은 자라지 못하고 편관의 힘이 약해지면서 관성의
책임감과 법을 지키려는 의지가 없어집니다.
비견의 ㄱ자 구조에 갇혀있는 묘목 편관의 경우에 비정상적인 기운을 가지게 됩니다.

이 은 해

두뇌형 범죄

午

이은해는
경오년 생으로 지지 오화 편인은
머리가 총명한 사람으로
두뇌 회전을 범죄에 이용한
두뇌형 범죄자입니다.
년지 오화 편인의 교활한 생각이
일간 기토와 월주 기축과
화생토로 생하는 구조로 편인의
머리 회전이 발달하는 기운입니다.

정임합

갑작스러운 남녀의 합이다.

상관=유희

상관

庚

2006년 병술년에
지지 술토는 일지 묘목과
묘술 육합입니다.
육합의 남자운이 왔습니다.
7월 을미월에 을목이
편관으로 이성운이 왕성할때
돈을 받고 성행위를 하였습니다.
또한.
11세 정해 대운에 해수와
병술년에 술토는 천라 지망중
술해 천라의 기운으로 정신을
흔들어 방황하는 운이 흘렀습니다.

술해. 천라.

2006년 7월
11세 대운

丁
亥

15세 중학생 시절에
원조 교제로
돈벌이를 하게 됩니다.
11세 정해 대운은 정임합의
기운으로 남녀 성행위 운이
감도는 시기에
해수 정재가 년간의 경금과
상관 생재하여 유흥적인
탈선을 시작합니다.
정해 대운은 경오년의 오화
편인의 뿌리 합으로
강한 편인의 정임합이 오는
대운으로 불법 성행위
조건 만남을 가지며
돈벌이를 시작합니다.
2006년에 정임합과 상관 생재는
이은해 사건의 시작점으로
중요한 시기입니다.

정임합=원조 교제

2009
비견

2008
겁재

비견 (己丑)
편재 (戊子)

대운징조·대운앓이

이은해는
2008년 무자년과 2009년 기축년에
범죄행각을 벌이고 수감 됩니다.
11세 정해 대운이 바뀌기 2~3년전
비겁의 기운에 죄를 지어서
문제를 일으키게 됩니다.
범죄자가 범죄행위를 하는 시기가
대운이 바뀌기전 대운앓이 흉운에
그 사건이 발생합니다.
사건 발생시기를 대운의 움직움으로
유추할 수 있습니다.

상관

庚 卯

편관

상관 대살은
일반적으로
편관 칠살을
대적하는 상관의
좋은 운을
말하지만
다른 측면에선
편관의 국가적인
규칙을 상관이
파괴하는 역활을
하게 됩니다.
즉! 위법 행위를
말합니다.

상관대살:법을 깨고 유희를 즐기다

He.서하진 연구 결과

싸이코패스,소시오패스,나르시스트등의
인격 장애자들이 상관의 사주로
극단적 범죄 행위를 벌이는
확률적 데이트가 연구 끝에 확인되었습니다.
상관의 통제불능 상태의 기운은
법을 지키려는 의지가 약한 사람이며
이는 극악무도한 범죄자 뿐 아니라
우리 주위에 이러한 상관형 인간은
많이 존재하여 사회를 혼란에 빠트리고
많은 사람들에게 생활 속에서도
피해와 불편을 주고 있습니다.

비견
비견
비견 (己)
비견 (己)
비견 (丑)

이은해 처럼 ㄱ자 구조의
사주는 일간의 성향이
강해지는 비겁은 본인의
성향이 극단적으로
강해지면서 흉운의 사건을
발생 시킵니다.
이 비견 다자가 비겁 년인
2008년.2009년에 범죄
행위를 하게 됩니다.
이은해 사주에서
년간 경금 상관이 탈선 범죄의
주원인이며 경금이 토를
만나면 토생금으로 상관의
목적성 행위가 강해지면서
사치와 유흥에 쉽게 빠지게
됩니다.

상관 : 반 사회성 인격장애인
싸이코패스는 감정 교감 능력이 떨어지는
인격 장애로 상대의 교통을 느끼지 못하는 범죄자를 말하지만
더 중요한 것은 어떤 인격장애 이전에 상관이 강하여 법을 지키려는
준법 정신이 결핍된 상태가 범죄 행위를 시작하는 시발점이고
더 결정적인 이유입니다. 타인에게 강도나 구타등의 폭력적이고
극단적인 인체를 토막내는 행위 자체는 도덕적인 개념이 상실된
상태이며 이는 주변에서 흔히 볼 수 있는 인간 유형입니다.
도덕과 법을 상징하는 정관,편관의 관성이 약하거나 상실된
사람은 극단적인 인격장애 보다 더 심각한 범죄 이유가 성립됩니다.

나 는

악 마 다 증후군

사주 십성중
상관이 천간에 존재하여
정관,편관이 없거나 혹은 약한 구조이거나
무관 사주인 경우에 상관 대살하여
관을 깨거나 무관의 무법자가 되면
범죄 행위에 쉽게 접근 할 수 있으며
싸이코패스,소시오패스,나르시스트등의
성격 장애와 상관의 위법이 만나면
나는 악마다 증후군 상태에 놓입니다.

상관은 악마다

이은해의
태어난 년의 천간에 있는
경금 상관은 강철의 상관으로
강력한 상관녀이며 일지에 묘목 편관을
가진 사주이지만 경금의 강력한 힘으로
묘목을 깨고 합살하여 편관의 헌법을 무색하게
만들어 버립니다.

사피엔스 길들이기
4발 달린 악마

택택시 기사 월 500만원
지원
개인 자가용 파란 번호판
세금 10배
택시 롤스 로이스.페라리
고급 승영차 지원
택시비 지원
자가용이 있는 사람은
대중교통 이용 안 한다.
자가용 홍수 시대에
교통문제가 중요한 것이 아닌
자동차가 기후 문제의
주범이고
생산 자체가 탄소를 증가
시킨다.
자기차 보다 택시가
고급이고 택시비가 싸면
누구나 탄다.
택시 전용차로를 만들어라
버스도 최고급 리무진
버스로 지원해라.
고급이고 버스비 싸면
인간들은 탄다.
교통사고 사망률 증가
급발진 사고
골목길 보행자 불편
오토바이 면허증 강화
사고률 높다.
보행자 도로가 우선
자전거 도로 확대해라

He.서하진의 한줄 에세이..

He.서하진의
아트 칼럼 Book

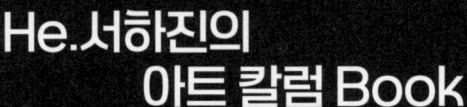

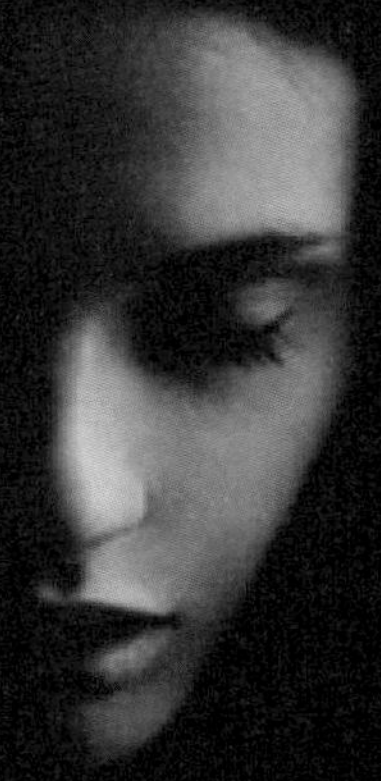

천화
고승들의 고귀하고 아름다움
죽음의 행위입니다.

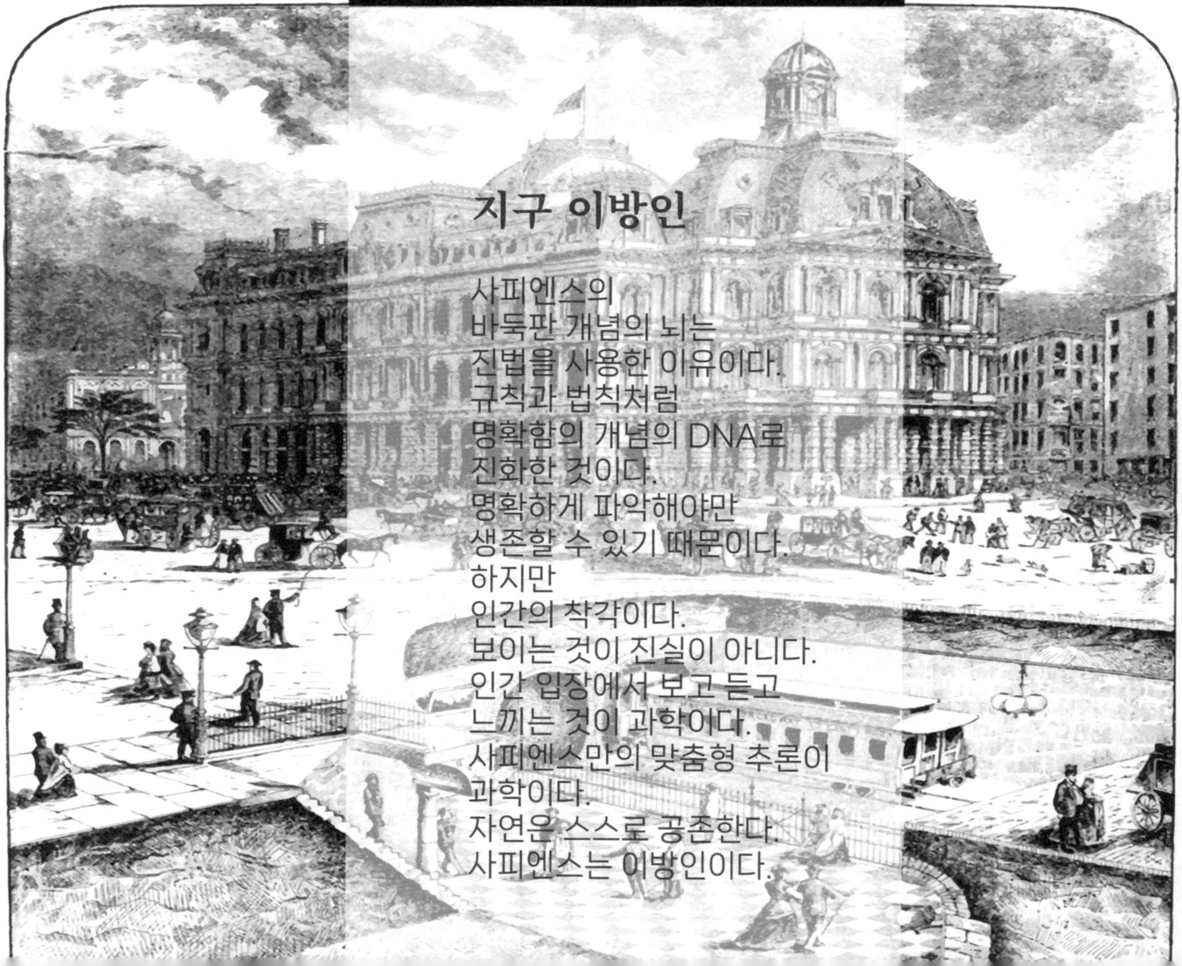

지구 이방인

사피엔스의
바둑판 개념의 뇌는
진법을 사용한 이유이다.
규칙과 법칙처럼
명확함의 개념의 DNA로
진화한 것이다.
명확하게 파악해야만
생존할 수 있기 때문이다.
하지만
인간의 착각이다.
보이는 것이 진실이 아니다.
인간 입장에서 보고 듣고
느끼는 것이 과학이다.
사피엔스만의 맞춤형 추론이
과학이다.
자연은 스스로 공존한다.
사피엔스는 이방인이다.

CHAPTER

121

대통령

이명박

이명박 전대통령

종격 사주:천간에 합과 충이 없는 한가지 오행으로 놓여진 사주로
귀격 사주에 해당 되는 사주입니다..

비견	일간(나)	겁재	비견
辛	辛	庚	辛
卯	丑	子	巳
편재	편인	식신	정관

이 사주는 자월에 태어난 신금 일간으로 한한 춥고 건조한 사주이나 태어난 년에 사화가 와서
따뜻한 온기를 주는 사주 형국으로 좋습니다. 천간이 종격으로 비겁 사주인데
지지가 꽉 체워진 좋은 사주입니다. 일지 축토 편인으로 총명한 사람이며 월지 자수로
부지런하며 년지 사화 정관은 바른 사람입니다. 시지에 묘목 편재가 놓여져서 재물 복도
따르는 사주 구성입니다. 천간에 금의 비겁은 부지런함이 타의 추종을 말하며 월지 식신과
만나서 일중독자 수준입니다.
4세부터 20년간 대운에서 인성이 오면서 총명한 두뇌로 공부 운이왔습니다.
그 이후 24세부터 20년간 관운이 대운의 흐름 입니다. 이렇게 말단 사원에서 사장까지
오르는 능력을 발휘하게 됩니다.
64세 계사 대운에 사화 정관운에 대통령에 당선됩니다. 2008년 무자년 자수 식신이 대운과
합을 하면서 길운이며 2월은 갑인 식신운이고 25일 을미일도 을목 편재가 오면서 식신 생재
운에 좋은 기운이 흘렀습니다.

이명박 전대통령의 사주는 가장 이상적인 좋은 사주입니다.
천간이 종격일때 지지에 뿌리가 내려와서 특정 성향이 강해지기 마련인데
지지가 골고루 오면서 하늘이 내린 복이 많은 사주입니다.

辰
겁재

표정이 살아있는..
배우 천 우 희

丁
편인

천우희님은
태어난 생월의 지지에
기토 겁재가 있습니다.
독기 살기로 쫓기듯이
일을 하는 사람입니다.
이는 자아 깊숙한 곳에
경쟁의식이 강하게
작용하는 기운으로
지기 싫어하는 성향으로
약간의 강박감 속에서
배우 생활을 하고 있습니다.

그리고 월주 지장간에
계수 편재가 진토의 겁재와
극을 하여 사회생활에서
재물에 대한 손해수가 있으니
돈 관리를 잘 하셔야 합니다.

일간 정화 편인은
총명하고
매니아틱한
기질이 강하며
생각이 많은
사람입니다.
천간에 정화는
정임합 인연으로
급작스러운
남녀 관계를
말합니다.
편관 여자의 이러한
운은 더 강하게
작용합니다.

일간

亥
정재

이 사주는 일지가 해수 정재로
돈에 대한 집착이 있는 사주로
평생 돈은 떨어지지않는 팔자입니다.
그리고 지장간에 갑목 정관이 수생목으로
일지 해수와 합을 하여서 재생관의
기운으로 돈과 명예운이 따르는 팔자입니다.

己

천우희님은
기토 일간으로 일지 해수는
황금 돼지 일주로
재물복이 따르는 사주입니다.
일지에 역마,지살의 이동수
많은 팔자입니다.

정관

甲

정관,편관이 목으로
권위적이고 자존심도
강한편이며 무식상으로
속으로 삭히는 표현에
답답함이 있는 사주입니다.

드리는 글: 우희 왕후

낭자 길을 묻겠소
봉평 가는 길이 어디요

저기 큰 나무길로 가는
고개를 넘어시면 되옵니다

눈이 참 맑소
인중도 빛이 나고
범상치 않는 관상이요

소녀는 그냥 촌부의 여식 이옵니다

3년안에 궁궐에 안주인이 될 것이요

卯
편관

2026년
병임충에
도화살
2027년
정임합에
화개살
2028년
목욕지에
신자진 인연
이 3년에
결혼을 못하면
아주 늦게
하게 됩니다.

결 혼..

추천 음악:
라흐마니노프 피아노 협주곡 2번 2악장

He서하진의 한줄 에세이..

천우희님은
25세 정미 대운에 해묘미 인연의
화개살 이성운으로 결혼운이
온 사주입니다. 년지, 월간에 관성
남자운은 일찍 결혼할 팔자입니다.
허나
갑진월 생으로 갑목 정관이 뿌리
내리는 진토는 신자진 삼합 인연
입니다. 그러면 이 사주는 신자진
인연의 자수,신금을 쫓는 사주라는
얘기입니다. 관이 2개나 있는
여자 사주로 결혼에 대한 집착이
있는 팔자는 맞습니다. 2번 할 수도
있습니다. 그렇다면 35세 무신 대운에
지지 신금이 신자진 운으로 왔고
곧 결혼 운이 있다는 것입니다.

He.서하진의
아트 칼럼 Book

배우 김.규.리.

 丙

午

병오 일주는 지장간에 기토 상관과 합을 하여 상관의 재능이 겁재를 만나서 더 좋아지는 일주입니다.
예술가,말하는 직업 등 제왕지에 양인살의 일주로 신강한 일주의 사주입니다,

드리는 글:자연의 지혜

어둠이 걷히니 구름이 개고
내 마음이 따사로이 세월을
맞으니 벗은 자연에 있네

오늘이 어제이고 내일은 쉬어가니
바람도 산마루에 머물다 가네

사람이 나고 자람에 이유는
한잔 술에 있고 술잔을 벗과 함께하니
풍류는 저 산 바위에 있도이다

한 세상 걸음은 시작이 끝이고
한탄하는 마음은 내 것이 아니네
세상을 살피는 그 뜻은 혹여나
겨울을 걱정할까 하는 가을에게 물으니

봄이 오니 걱정 말라고 하네

He.서하진

이성운..

병오일주로 일지 배우자 자리가 겁재입니다. 지장간에 기토 상관과 합을 하는 구조입니다.
오화 겁재의 배우자를 빼앗기는 운이 있습니다.
년주 지장간에 을목정인이 열쇠입니다. 묘목 정인 대운에 해묘미 삼합 인연이 작용합니다.

 卯

정인

이 사주는 묘목 정인이 구세주입니다.
토끼띠나 지지에 묘목 글자가 있고
천간에 을목이 있는 사람을
꼭! 만나셔야 합니다.

상관견관/상관패인

배우 김규리님은
태어난 년에 상관격의 사주로
월의 천간 계수 정관과
토극수로 아주 강하게 정관을
뒤집는 상관견관 사주입니다.
직업과 배우자운이 불리한 사주입니다.
2009년 기축년은 상간이 간여지동의
해로 대운 교체기 흉운으로 구설수에
휘말려 직업 활동에 큰 타격을 받았습니다.
이미 31세 정축대운에 겁재, 상관 운에
예고를 하고 있었습니다.
상관격의 사주는 정인운을 만나면
상관패인으로 성공 운이옵니다.
2011년 신묘년이 그렇습니다.
이 사주는 무인성 사주로 상관견관이
더 불리한 구조로 목이 없는 사주이니
식물을 가까이 하시면 좋습니다.
41세 무인 대운도 좋고 51세 기묘 대운이
상관 패인의 대운으로 결혼 운도옵니다.
목이 많은 사람을 가까이 하시면 좋습니다.

정관 癸

상관 己

未 상관

아인슈타인

아인슈타인

정인.정인.

상관

공 상 가

년간에 기토 상관이
작동하여
공상하고
상상하는
뇌의 구조를 가지고
태어난 사람
입니다.
화일간 병화가
기토를 화생토하여
생하는
구조로
풍부한 상상력의
소유자입니다.

무관 사주

무관 사주
아인슈타인은
규칙에
얽매이지 않는
성향으로
상관의 기존
틀을 깨고
상상력을
증폭 시킨
것입니다.

일간	겁재	상관

丙	丁	己

申	卯	卯
편재	정인	정인

타고난 천재 사주

정인은 공부과로
총명하고 두뇌 회전이 좋은
사주 구조입니다.

목생화의 정인 병존 천재

아인슈타인의 천재성은
태어난 생년의 지지에 묘목 정인과
생월의 지지에 묘목 정인이 나란히
병존되는 타고난 천재입니다.
천간에 일간 병화와 월간 정화의
햇빛을 받는 나무가 그의 두뇌로
아이큐가 자라나는 나무와 같은 구조입니다.

대 운 흐 름

3세	1세

丁	丙

卯	寅
정인	편인

한살때 이미 천재!

아인슈타인은
태어난 1세때 부터
이미 인성이 목생화로 흐르고
3세부터 인성 대운이 10년간
흐르는 구조로 이미
12세 이전에
그의 두뇌가 완성 되었습니다.

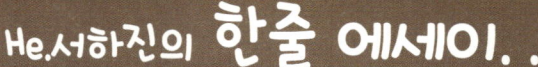

기도의 끝은 타인을 위할 때

나를 찾을 수 있습니다.

"끼 니"

기도는
자비와 사랑
나눔
봉사
인류애
배고픈자 끼니를 못 챙기는 자

어느 골목에 같은 간판을 한 식당이 두 곳이 있다.

대각선으로 마주 본 같은 두 식당

한 곳은 식사를 파는 일반 소문난 맛집이다.

대각선 같은 다른 식당은
도시락을 싣고 어디론가 간다.
아이와 어르신들이 조용히 식당으로 온다.
무료식당이다.
한쪽에선 밥을 팔고 한쪽에선
나누고 있다.
선별된 약자에게
홀로인 노인 맞벌이 하는 집 아이 홀로 가장인 소녀..등
국가는 필요없다 정치도 종교도 필요없다.
선한 마음이면 된다.

예 술

본 능

사피엔스 들이여!
아름다움을 느낄 수 있는
오감을 가진것을
축복으로 생각해라.
.

. 사피엔스에게
신이 부여한 것은
아름다움을 창조할 수 있는
능력이다.

He.서하진

He.서하진의
아트 칼럼 Book

슈퍼스타

마이클 잭슨

일간을 중심으로
삼주중에서
일간 외에
4글자가 생하는
전형적인
성공 사주 입니다.

마이클 잭슨

일간	식신	비견
戊	庚	戊
寅	申	戌
편관	식신	비견

시주를 뺀 삼주 입니다.

식신격

마이클 잭슨은 식신격으로
춤의 황제가 되었습니다.
월궁인 월지 신금이 천간에
경금과 뿌리를 둔 강한
식신격으로 손과 발을
자유자재로 사용할 수 있는
사주 구조입니다.
노래 또한 금의 식신에서
쇠소리가 나는 미성의 목소리
입니다.

비견다자

마이클 잭슨은 무토 일간으로 년주가 간여지동의
비견이 온 사주로 대운에서도 식신격과 상관격의
유년 시절을 보내게 됩니다.
본인의 천재적인 음악인으로서 기질이 년주와 초년
대운에서 이미 확정 되었습니다. 비견 다자는 독할
정도로 몰두하는 성향으로 열정의 끝판왕 사주
구조입니다.
오로지 자신의 직업적 재능에 집중하는 삶입니다.

정재	편재
癸	壬
子	亥
정재	편재

식신 생재

마이클 잭슨은
13세 대운 부터 33세 대운 까지인
42세 까지 30년간 정재, 편재의 재물운이
흐르고 식신 생재의 기운으로 활동성의
전성기를 보내게 됩니다.
재성의 목적이 분명한 운으로
자신의 재능을 펼치는 시기입니다.
대운에서 식신의 재능을 완전체로
결합 시켜주는 대운이 와준 것입니다.
팔자가 길운으로 흐른 행운아입니다.

방탄소년단 진

일간

甲
寅

비견

갑인 일주는 백두산 호랑이이며
푸른 호랑이로 표현되며
신강한 일주입니다.

이 사주는 남자 무재 사주로
이성운과 결혼운이 약한 팔자 입니다.
41세 병진 대운에 결혼 운이옵니다.
화가 없는 사주로 사화나 오화가
있는 여자분과 궁합이 좋습니다.

41
식신

丙
辰

편재

정관	편인		31 겁재	21 비견
辛	壬		乙	甲
亥	申		卯	寅
편인	편관		겁재 제왕	비견 건록

방탄소년단 진

살인상생.관인상생

방탄소년단 진의 사주 구조는 살인상생과 관인상생의
금생수 기운이 대각선으로 교차하는 사주 구조입니다.
정인 구조가 아닌 편인격의 상생 구조 이지만
나름 성공하는 좋은 사주입니다.
특히 임수.해수의 통근은 일간 갑목을 수생목하는
구조로 편인의 삶을 사는 사람입니다.

21세 갑인대운과
31세 을묘대운에서
수생목과 금극목의
기운으로 참고
노력하는 삶에
성공이 따르는 구조로
목의 활동 에너지가
초년에 받쳐주면서
흘러왔고
12운성 건록과
저왕자에
올라 타면서
대운을 맞이하게
됩니다.

블랙핑크 제니

상관견관

년간에 상관과
월주의 간여지동 정관의
만남은 상관견관으로
아주 강한 흉이 작용합니다.
56세 이후 을미 대운이 오면 상관이
중첩되면서 정관이 흔들리게 됩니다.
그 때가 오면 아주 위험한 운에
놓입니다.

블랙핑크 제니

월주 지장간에
신금 정인은
축토와 합을 합니다.
사유축 인연의
유금을 말합니다.
숨겨진 금의 이성이
구설이 되는 팔자입니다.
신자진의 인연중 원숭이 띠와
인연이 있고 해묘미의
토끼띠와 인연이 있습니다.
닭띠는 악연으로 작용 합니다.

신왕관왕

일간	정관
壬	己
子	丑
겁재	정관

이 사주는 임자일주로 12운성이
제왕지인 신강한 일주입니다.
장성살.양인살로 일주가 강한
대표적인 사주입니다. 또한 월주가
정관격으로 간여지동입니다.
제니님은 생월과 생일이 신왕관왕의
귀격 사주입니다.
그리고 년주가 을해로 비겁3개의
대표적인 자수성가형 팔자입니다.

홍염살

일명 애교살로 일주에 홍염은
보조개가 있는 사람이 많습니다.

드리는 창작시:

제니 제니해

풍선껌을 씹고 불어낸 풍선을
타고 하늘을 날아 올라

핑크 풍선은 사춘기 볼에 칠한
열다섯 나의 몽글몽글 시절

나의 춤은 나의 미소에 있어
언제나 제니 제니해

난 풍선껌으로 K2를 정복할래
에베레스트 구름 과자는 맛있어
송글 송글해

엄마는 나의 친구 친절한 워먼우먼
나의 방안에 가득찬 파란 바다
블루 블링해

베네치아 뗏목 마을은 태평양을 항해중
선장은 언제나 나야 나 최고인 나
제니 제니해

추천 음악:

"즉흥 환상곡"

-프레데릭 쇼팽

금여록

태어난 월에 금여록은
평생 황금수레 끌고 다닐 팔자를
말합니다.

정관격

태어난 월에 기축의 정관격은 예의
바른 사람으로 올곧고 바름을
추구하는 젠틀한 사람입니다.

午

오화년에 축오 귀문이
발생하고 일지와 자오충이
일어납니다. 건강에 적신호가 오는 시기로
특별히 조심해야 합니다. 전반적으로 화운에
컨디션이 좋치않습니다.

상관

乙
亥
비견

태어난 년에 을목 상관의
재능으로 스타가
되었습니다.
대운에서 6세부터
25세까지 식상이
흘렀습니다.
년간에 을목 상관은
예술가이며
이미 어린 시절부터
그 끼와 재능이
중첩 되었습니다.

블랙핑크 지수

갑

午
상관

갑오일주는 푸른 말로 지장간에 기토 정재와 일지 오화가 합을 하면서 재물운이 좋은 팔자입니다. 또한 오화 상관은 홍염살의 애교가 많은 사람이고 갑목일간 답게 진취적인 사람입니다.

己
정재

겨울에 태어난 자월생인 지수님은 미인입니다. 겨울생이 미인이 많습니다. 특히! 자월생이 그렇습니다. 자수는 도화살로 섹시 도화이며 월주는 직업영역 으로 자수 정인은 애교가 많고 소통을 잘 하는 사람입니다.

子

자월생인 겨울생
미인

블랙핑크 지수

드리는 창작시:
"백작 환상곡"

실크빛 하이얀 원단은
꽃을 수놓은 레이스에
꽂은 비즈들

사뿐히 청아한 발걸음에
유리 구두는 아슬아슬한
설레이는 날 내 맘

백마는 피아노 음악에 춤추고
긴 드레스 긴 꼬리 레이스

백작은 오고 나의 루즈 목걸이
50캐럿 다이아 반지에
호흡하는 엘레강스 숨소리

공주를 보시오 아름답지 않소
나의 신부요

He.서하진

관인 상생
살인 상생

이 사주는 29세 관인상생과 39세에 살인상생하는 팔자로 이 시기에 길운이 터지면서 돈과 명예를 가지게 됩니다. 허나 무관 사주는 건강과 사고수에 노출된 팔자이니 항상 긴장하며 살아야 합니다. 29세 자유 귀문과 39세 신자진 물바다 흉운이 있으니 몸을 잘 관리하고 위험에 노출되는 상황을 체크하며 살아야 합니다.

25.26.27년의 사오미 화 세운에 수극화의 기운으로 물을 말리는 흉이 작용하니 특히! 건강에 신경 써야 할 시기입니다.

지수님은 삼주안에 정관,편관 이 없는 무관 사주로 남자운이 불안한 팔자입니다. 그래서 대운에서 29세 부터 관이 옵니다. 39세 임신 대운에 신자진 인연법으로 결혼 운이옵니다. 38세와 39세 대운이 바뀌는 시기 에 결혼운이 오며 무관 사주의 특성상 49세운에도 결혼 운이있습니다. 이처럼 결혼을 두 번 할 팔자입니다. 관성은 여자 사주에 서 남자운으로 무관은 남편운이 불안한 팔자입니다.

丙

월간 병화에 오화 상관은 뿌리이며 식상이 화로 강한 생재하는 연애를 잘 하는 여자 사주 입니다.

39 편인	29 정인
壬	癸
申	酉
편관	정관

235

내가 사랑한다고 말하면

내가 사랑한다고 말하면
당신의 눈빛은 나를 따라오세요

내가 사랑한다고 말하면
당신의 심장소리는 나의 숨결을 가져요

내가 사랑한다면 말하면
나를 떠나세요 그리고 돌아오세요
내가 부르는 그 날

내가 사랑한다고 말하면
아이처럼 해맑은 미소를 지어보세요
그리고 나를 안아요
지금

내가 사랑한다고 말하면
아름다운 새소리 맑은 물소리 섹시한 바람소리
그 소리에 당신은 숲속에 천사가 될 거에요
나의 천사가

내가 사랑한다고 말하면
내가 하는 모든 것인 나의 몸짓,생각,삶의 의미는
당신을 위한 거에요

He.서하진

He.서하진의
아트 칼럼 Book

CHAPTER
124

아동심리

리아킴

정인   편인

리아킴은
일지가 오화 정인이고
월지가 사화 편인
입니다.
즉!
생각하고 또 하고
또 생각하는 사람
입니다.
일지, 월지가 일간
모두와
화생토로 생하는
구조로 총명한
그냥 . .
천재입니다.
아이디어 뱅크!
아인슈타인!
에디슨!
입니다.
월지인 월궁이
사화 편인은
특정 관심 분야에
뛰어난
창의력을 발휘합니다.
. .
생각하다가
버스를 놓치고
또
생각하다가
버스를 놓쳐 버리는
천재입니다.

리
아
킴

겁재

태어난 생월의
천간이
기토 겁재로
죽기 살기로
목숨 바쳐서 열심히
사는 사람으로
피해의식 플러스
경쟁심리가
폭발하는
사주입니다.

아스퍼거 증후군이
아닌
성인형 ADHD
아닌

버스 스탑 증후군

무식상 사주가 표현의 미숙함으로 타인과 교감하는
말과 행동이 두려운 상태와 공상가적인 성향이
만나서 발생하는 주의력 부족 증상을 말합니다.
생각은 많고 표현이 미숙한 사람입니다.

편관

정재

편관 여자

리아킴은 태어난 년에 천간이 갑목 편관으로
편관 여자입니다.
편관 여자는 보수 적이고 책임감이 강하며
주위 시선을 의식하고 눈치를 보는 성향의
소유자입니다.
또한 자존심이 강하고 자존감도 높습니다.
년간에 편관은 그 범위가 국가적인 영역으로
편관의 성향이 강한 사람으로 태어 났습니다.
갑자년 생의 지지에 자수 정재는 행동의
목적성인 일을 나타내며 년지에 정재는
일에 집착이 강한 사람입니다.
갑자의 재생관은 돈과 명예를 가질 팔자입니다.

자수 정재는 장인의
삶을 말합니다.

편관

리아킴은 사월의 무토 일간으로
여름날의 큰 산에 사는 야생마입니다.
제왕지에 양인살로 신강한 사주
입니다. 여름 사월의 년간 갑목은
푸르게 자라나는 사주 구조로 목생화
화생토의 성공 사주입니다.

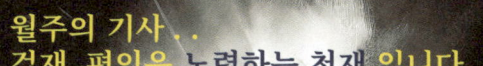

월주의 기사 . .
겁재, 편인은 노력하는 천재 입니다.

무식상이 지장간 경금 식신으로 댄서가
됩니다. 인성의 두뇌형 천재 댄서 입니다.

46	36	26	16
편관	정관		

甲 乙

寅 卯
편관　정관

이 사주는 16세부터 40년간 10년 단위
대운에서 정관, 편관의 관성이 흐르고 있습니다.
갑자년 생이 천간 갑목 편관을 가지고 태어난 후에
대운에서 중첩으로 관성의 영향을 강하게
받는 사주로 목의 진취적인 아이디어 시도는
긍정적인 측면이 많습니다.
허나 관성의 통제를 받는 삶으로 타인과의 소통에
부분적으로 문제점이 발생할 수 있습니다.
정관.편관은 규칙과 바름을 말하지만 목생화의
기운으로 화의 인성이 강하게 작용하여 생각하고
연구하는 영역이 훨씬 강해지는 삶이 지속됩니다.

세상을 바꿀 정도의
아이디어를 생각하고 있다면
버스는 100번 놓쳐도 좋다.
그리고
타인의 대한 진정한 배려는
침묵이다.

버스 스탑 증후군

버스 스탑 증후군은
정거장을 그냥 지나쳐 버리고 내리지 못한 이유는 단순 주의력 결핍이 아닌 생각하고 생각하는
공상가적인 증상 때문입니다. 또한 타인과 교감하는 말과 행동이 서툴러서 조심스러운
증상을 말합니다.
인간 관계성이 어려운 이유는 상대를 배려하는 마음이 지나쳐서 오히려 소통을 피하는 증상입니다.
단순 주의력 부족이 아닌 총명함의 집중력과 지나친 배려 때문에 일어나는 증상입니다.

"식상다자"

상관
己
辰 丑 戌
식신 상관 식신

이영애님은 식상다자로 손과 발의 재능과 움직임이 과할 정도로 넘치는 사주입니다. 그리고 여자 사주에서 식상다자는 자식이 많고 자녀를 케어하는 육아의 달인 입니다. 또한 연기자로서 식상이 많으면 타고난 배우입니다. 월주가 지장간에서 투간된 상관격의 사주로 개혁가 기질이 있으며 가만히 있지 못하고 항상 움직이는 부지런한 성향입니다. 허나 식상이 넘치면 쉽게 실증을 내고 다른 것에 관심을 가지면서 마무리가 잘 되지 않는 사람입니다. 본인 스스로 다 경험해 봐야지 합니다. 한마디로 열정적인 사람입니다.

배우 이영애

He.서하진의 한줄 에세이..

편재
庚

태어난 년에 천간에 편재는 재물의 범위가 국가적이고 세계적인 팔자입니다. 식상의 많은 토와 식상생재하여 세계적인 스타 반열에 올랐습니다.

일간(나)
丙

병화 일간으로 마음이 따뜻한 사람입니다. 병진 일주는 관대지로 청년기의 열정적인 일주로 삶을 살아갑니다. 4개의 토가 일간을 생하고 경금 편재의 재물이 일간을 생하는 타고난 복이 넘치는 팔자입니다.

정관
癸

무관 사주로 결혼운이 불리한 사주로 결혼전 마음 고생을 한 팔자입니다. 다행히 일주 지장간에 계수 정관 남자가 숨어 있습니다. 을유대운 기축년에 사유축 인연으로 인오술 삼합과 신자진 인연 중에 자수 남자와 결혼합니다. 쥐띠이거나 지지에 자수가 있는 정관 남자로 시집을 잘 가는 정관 여자 팔자입니다.

48세
甲
申
58세
癸
未

이영애님은 현재 48세 갑신 대운 10년 운의 끝자락에 있습니다. 2025년은 화의 건록지로 사화가 일간 병화의 뿌리를 내린 해로 길운이 왔습니다. 58세 계미 대운은 2003년 계미년 대장금의 길운이 있는 대운으로 직업적인 운이 좋지만 상관견관의 흉운의 대운으로 토극수의 물이 강한 해인 2031,2032,2033년은 건강과 가족의 안위를 보살펴야 하는 시기입니다. 길과 흉이 극단적으로 작용하는 대운입니다. 특히 32년 임자년은 일지 진토와 자수가 만나서 신자진 물바다 형국으로 조심하셔야 합니다.

추천 음악: 내 곁에 네 아픔이
— 블랙홀

드리는 창작시 : 자연 유토피아

푸른빛 바다는 모네가 그린 흰 파도에
내 마음도 그림 속 풍경입니다.
초록빛 숲속에 다람쥐가 고흐가 그린
바위에 서서 세수를 합니다.

내 마음은 천국입니다.
내가 그린 유토피아에 맑은 공기는
청초한 미소를 띤 꽃향기로 나비를 부릅니다.

사람들은 말합니다.
세련된 도시는 나에게 쾌락을 주고
욕망의 화려한 회색빛 명품에 영원히
살고 싶다고 말합니다.

나는 걷고 있습니다. 바람은 나를 따르고
흙 내음은 나의 향수이고 풀냄새는 마음을
정화합니다.
나는 자연옷을 입고 유토피아에 살고 있습니다.

He.서하진

68세
壬
午

이 사주는 화 일간의 삼주에 무관 사주로 수의 편관 대운이 위기의 흉운 입니다. 극단적인 건강의 적신호가 오는 대운으로 68세 이후 10년 운인 임오 대운의 임수 편관 칠살 운에 위기가 찾아옵니다.

숲속,전원생활

이 사주는 목의 용신이 필요한 사주입니다. 토가 많아서 시골의 전원생활을 좋아합니다. 자연스럽게 나무를 찾는 사주로 텃밭을 가꾸고 숲속에서 힐링 하는 시간을 자주 갖는 게 개운법 입니다. 사주에 물이 부족하여 계곡을 찾으면 좋습니다

운수 좋은 날

9월20일 갑신 대운 을사년 을유월 임진일로 재물 대운이며 건록지 해에 사유축 월로 식신합살하는 길운입니다. 상대 남자 배우와 궁합도 일간이 상위10% 궁합이며 지지 삼합이 합을 3개 이루는 천상급 좋은 인연으로 최고의 궁합입니다.

불확정성의 원리는
생각하는 공간인
우주 1차원의
작은 한 조각이다.

He.서하진

He.서하진의
아트 칼럼 Book 봉 준 호 감 독

정인   정인

천재로 태어나다.
정인이 나란히
쌍이다.

이 사주는 유금으로 년,월에
지지가 병존으로
총명한 천재 사주입니다.

입자와 파동은
사피엔스의 언어일뿐..
중첩과 얽힘은
양자이고
다자역학은
사피엔스 범위 밖이다.

정관

己

辰

편관

관성을 쓰는
사주로
깐깐하고
정확한
사람입니다.

일간   겁재

壬   癸

봉준호님은 월간이 겁재입니다.
쫓기듯이 사는 사람입니다.
이겨야 사는 사람입니다.
일주 지장간에도 겁재가 있습니다.
계수 겁재 또 하나의 계수 겁재가
이 사주의 본 모습입니다.
이 겁재가 강력한 정인 병존을 만나서
성공한 사주입니다.
금생수의 겁재,겁재 그리고 정인,정인이 봉준호님입니다.

속도와 위치는 존재의 부정이
더 해지면 우주의 한 조각을
이해하는 것이다.

신은 주사위 놀이를 하지 않는다.
-알베르트 아인슈타인

정인 병존인 아인슈타인의 한계이다.

CHAPTER

125

블랙 프린세스 증후군

블랙 프린세스 증후군

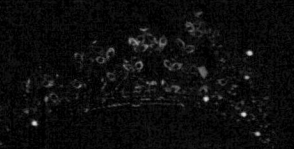

블랙 프린세스 증후군은
내가 사랑 받아야 할 존재인데
방임이나 학대로 발생하는
트라우마가 작용하여 일어나는
정신적인 문제입니다.
이로인해 발생하는 복수에 의한
범죄 행위가 진행될 가능성이
높습니다.

블랙 프린세스 증후군

나는 공주이다.
나를 존중하고 나를 보호하라.

244

정유정

식신

편인 도식

편인이 식신을 극하는 구조로
식신의 활동성을 제어하게
됩니다.
일반적인 편인 도식은
직업운이 불리한 사주로
취업이 힘들어지는 운입니다.
허나.
인성의 가족이 나를 통제하는
학대를 당하는 운도
존재합니다.

1999년 기묘년

상관

정인

정유정은
년지가 정인으로
가족, 지인에게
사랑을 받을
팔자입니다.
그 정인을
도둑맞은 운입니다.

정유정

정유정은
인성이 년주, 월주에
연결된 뿌리를 둔
사주로
사랑을 꼭! 받아야 할
사람
입니다.
그러나
결손 가정에서
성장 했습니다.
결손과 학대
피해의식은
상대적입니다.

블랙 프린세스 증후군은
학대 피해의식이 강한
사람입니다.
상대적인 피해의식으로
손과 발이 묶이는 통제감을
느끼게 됩니다.
인성은 가족과의 관계성이
좋은 기운이지만 반대로
불우한 환경에서 느끼는
가족애에 대한 결핍으로
피해의식을 더 강하게
느끼게 됩니다.

무 관 사 주

**인성녀
정유정의
25년 동안 쌓인 분노는
가족애의 결핍입니다.**

무관 사주는 관성대운에 아주 힘든 시절이 찾아 오게 됩니다. 정유정은 특히! 9세부터 18세까지 편관 칠살 대운이 오면서 아주 힘든 어린 시절을 보냈습니다.

19세대운   9세대운

정관   편관

정유정은
9세 을해 대운에 해수 편관이 오면서 10년 동안
편관 칠살의 흉운이 오면서 힘든 시기를 보냅니다.
이후 19세 병자 대운도 정관의 관성 대운이
이어지게 됩니다.

불우한 결손된 환경

정유정은 사랑 받아야 할 인성운이 뿌리를
둔 사주 이지만 사주 본국에서부터 인성이
나의 행동과 생활을 극하여
위축되는 불우한 환경에서 태어났고 자라는
시기에 대운의 흐름도 아주 극단적인 흉운이
흐르게 되었습니다.

공주로 귀하게 사랑 받아야 할 사람이
멸시와 학대를 받을때 나타나는 현상

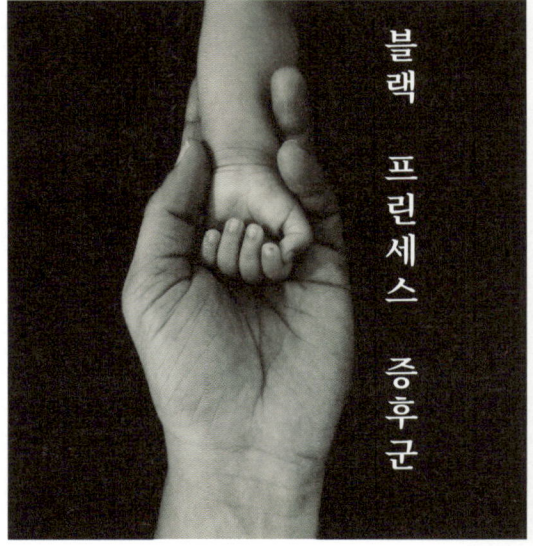

블 랙 프 린 세 스 증 후 군

무관 사주

월간 갑목 편인과 그 뿌리인 년지 정인의 묘목은 머리가 총명하고 책을 좋아하는 사람입니다.

편인

정인

정유정은 태어난 년에 묘목 정인은 가족과의 관계가 좋은 사주 운입니다.

무관 사주는 관성대운에 아주 힘든 시절이 찾아 오게 됩니다. 정유정은 특히! 9세부터 18세까지 편관 칠살 대운이 오면서 아주 힘든 어린 시절을 보내게 됩니다.

편관 칠살의 관성 대운:극단적 흉운

총명하고 책을 좋아하는 그의 운명이 꺾이는 흉운으로 자신의 가정 환경을 극단적으로 비난했을 것입니다.

무관 사주

정관, 편관의 관성은 도덕과 규범 그리고 준법의식을 나타냅니다.
관이 없는 무관 사주는 위법적인 사람을 의미합니다. 법을 지키려는 준법 정신이 부족한 사람으로 사회에 물의를 일으킬 수 있는 가능성 인자를 뜻합니다.
그리고 무관 사주가 관성 대운이 찾아오면 힘듦을 견디는 의지인 관성 백신의 적응 능력이 부족한 사람으로 흉운의 예방 주사를 맞지 않은 것과 같습니다. 무관 사주가 수(물)의 관성운을 가지면 더 극단적인 흉운의 시절을 보내게 되면 극복하기 힘든 사고로 단명운이나 자살운도 작용 할 수 있습니다.
특히! 수(물) 편관 칠살의 파워는 염라대왕과 같습니다.

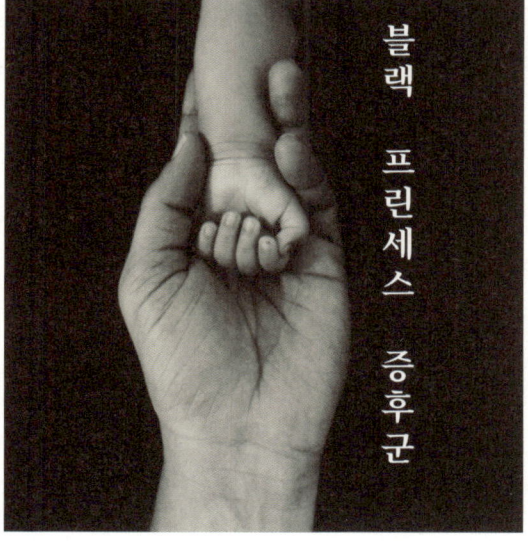

공주로 귀하게 사랑 받아야 할 사람이 멸시와 학대를 받을때 나타나는 현상

블랙 프린세스 증후군

고양이 철학

인류학은 사피엔스들의 자기 예찬이다.
자연주의는 사피엔스를 품에 안고
위로하는 모성애이다.
바닷가에 생선을 물기 위해 모이는
고양이들처럼 사페엔스는
오늘도 부둣가를 방황하고 있다
생선뼈가 목에 걸린 고양이는
구토를 하며 바닷가 물속으로 뛰어든다.
그렇게 사피엔스는
목에 걸린 가시를 가진 체 살아간다.
장미 정원의 가시는 나비가 먹지 않는다.
꿀따는 벌들도 장미 꽃은 먹지 않는다.
장미 정원에 목에 가시가 걸린
고양이를 묻고 십자가 나뭇가지를
꽂아준다.
아무 의미 없이 사피엔스는 그런 짓을 한다.
장미 꽃이 말한다. 생선 가시는
내 가시와 다른 것 이라고 그리고 내 장미향은
나비와 벌들을 위한 것이라고
사피엔스는 나와 상관없다 말한다.

He.서하진

He.서하진의
아트 칼럼 Book

CHAPTER
126

우울증, 공황장애

또 · 다른 · 기회의 시작이다

우 · 울 · 증

-He.서하진

우울증은
또 다른 기회의 시작입니다.
우울 그 자체가 희망을 준비하는 단계입니다.
가장 우울할 때 집중력이 최고치입니다.
이때.
복권을 사보세요!
길운이 당신을 기다리고 있습니다.

-He.서하진

이.방.인.

누구나..여행을 떠나고 싶어 한다.
힘들때..일이 잘 풀리지 않을때
바다를 보고 싶어 한다.
나 홀로 여행은
홀가분하다.
생각을 정리할 수 있는
다른 공간으로 이동하는
기분이 짜릿한 느낌마저든다.
일상을 떠난 그 곳에서
일상을 보내는
많은 이들을 만날 수 있다.

난 그 곳에서 이방인이다.
그 들도 내가 이방인이다.
이상한 나라의 폴처럼
딱부리를 사용하면 세상이 멈추는
마법이 작동된다.
여행은 내가 다른 타인을 만나는
행위이자 난 멈춰진 세상으로
이동하는 타임머신 조정자가 되는 것이다.
내가 그 곳에 간 것인지
그 곳이 나에게 온 것인지
알수는 없다.
바람이 구름을 끌고 가는 것 같지만
구름은 변화하고
바람도 변화할 뿐이다.
이방인은 구름도 바람도 아닌 나이다.

악마 중후군

길고양이게 악마는
사피엔스들이다.
동물 친구들에게는
재판해줄 판사가 없다.
그들에게 사피엔스는
싸이코패스들이다.

까뮈에 이방인에서
해변의 살인은
눈부신 햇살 때문에 일어났듯이
사회적인 살인은
오늘날 전쟁을 하지 않아도
수많은 사람들이 목숨을
잃고 있습니다,
살인마가 되고 연쇄 살인마도
되어서 개인의 파괴된 삶도
우리의 사회 안에 있습니다.
교통사고로 죽는 죽음은
괜찮고 살인에 의해 죽는 것은
악마에 의한 죽음이라고
말한다, 자동차가 악마가 되지 않고
운전자 또한 악마라고 하지는
않는다.
문명에 의한 살인과 사회적인 살인은
누가 악마인가?
죽을 사람이 죽은 것이고
운이 없어 죽은 것인가?
죽은이는 모두 억울하고
그들에겐 악마가 존재한다,

당신은 살인자 인가요?
아니면 악마의 대변인 인가요?

He.서하진

He.서하진의
아트 칼럼 Book

백마 탄 왕자

백마 탄 왕자

천생연분

일간	정인	정재	
癸	庚	丙	여
卯	寅	寅	올리비아 팔레르모
식신	상관	상관	

일간	겁재	편재	
癸	壬	丁	남
丑	子	巳	요하네스 휴블
편관	비견	정재	

두 사람은 일간이 같은
비견 거플로 상위 10%
좋은 궁합입니다.

수생목 궁합

여자는 오행중 목이 많고
남자는 수가 많은 궁합으로
수생목의 서로 끌리는 오행
커플입니다.

정인 여자와 편관 남자

여자는 정인이고 남자는 편관으로
여성성과 남성성을 가진 이상적인
커플 궁합입니다.

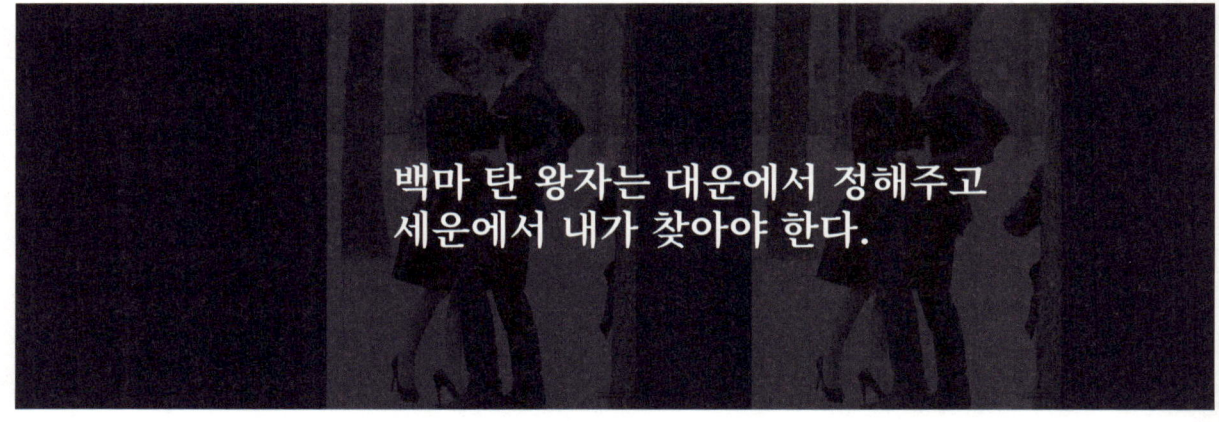

백마 탄 왕자는 대운에서 정해주고
세운에서 내가 찾아야 한다.

천생연분

일간　정인　정재
癸　庚　丙
卯　寅　寅
식신　상관　상관

여
올리비아
팔레르모

일간　겁재　편재
癸　壬　丁
丑　子　巳

남
요하네스
휴블

2008년 첫만남

여자는 18세 무자 대운에 2008년 무자년에 남자를 처음 만났습니다. 여자는 무토 정관 결혼 대운에 쌍도화 연애 운에 대운과 세운 중첩 운에 운명적인 만남이 일어났습니다. 남자는 사유축 삼합 인연인 유금 도화 대운이고 무자년 자수 운에 만남이 이루어졌습니다. 여자가 더 운명적인 시기의 길운입니다.

2013년 프로포즈

여자는 28세 정해 대운이 시작되는 해로 정임합의 남녀 운으로 결혼 프로포즈를 받습니다. 여자 운명으로는 축복된 시기입니다. 정해 대운중 계사년은 수극화로 밤의 로맨스가 강한 운의 흐름입니다.

2014년 결혼

남자 운에서 2013년과 2014년의 무신 대운은 관인상생의 길한 대운 시기이고 계사는 사화와 갑오년 오화는 정재,편재로 이성 운이 좋을때 프로포즈하고 결혼까지 하는 아름다운 시기입니다.

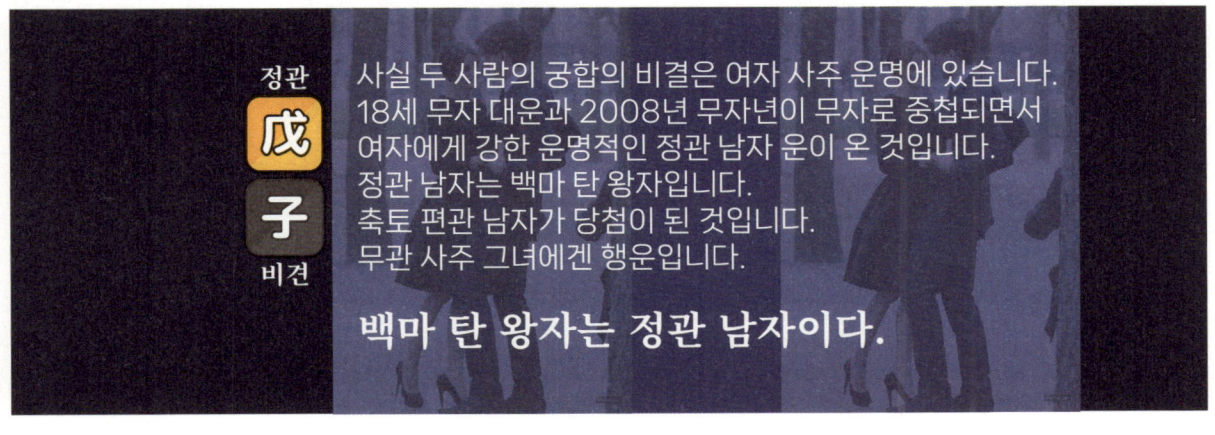

정관
戊
子
비견

사실 두 사람의 궁합의 비결은 여자 사주 운명에 있습니다.
18세 무자 대운과 2008년 무자년이 무자로 중첩되면서
여자에게 강한 운명적인 정관 남자 운이 온 것입니다.
정관 남자는 백마 탄 왕자입니다.
축토 편관 남자가 당첨이 된 것입니다.
무관 사주 그녀에겐 행운입니다.

백마 탄 왕자는 정관 남자이다.

정관 여자는 시집을 잘 갑니다.
그리고 백마 탄 왕자는 운명처럼 ..

정관운에 만나게 됩니다.

운명의 시간 ..

올리비아 팔레르모와 요하네스 휴블 커플은 사주 궁합이 좋은 것 보다
운명적인 만남의 시기가 더 축복인 커플입니다.
백마 탄 왕자를 만나는 운명의 시간에 이루어진 합입니다.

He.서하진의 아트 팜

철수네 고추밭

1장:철수의 도시생활
25살 철수는 매우 게으른 사람입니다.
회사에 출근하는게 너무 귀찮은 사람으로 거의 매일 지각을 합니다.
그래서 철수는 도시를 탈출하는 상상을 하면서 하루하루를
살아갑니다. 오늘도 늦잠을 자고 지각을 한 철수는 문득 이런
생각을 합니다. 시골로 가자!

밭간판:철수네 고추밭
출근:오전:10시 30분
퇴근:오후:4시 30분
주 4일 근무

2장:시골로 이동
철수는 다음날 사표를 내고 거침없이 시골로 갈 준비를 합니다.
가진 돈은 2,000만원 천만원은 시골집을 장기 임대하고
나머지 천만원중에서 산밑에 밭을 사고 5백원 생활비가 있습니다.
그래도 철수는 회사 출근을 안해서 너무 좋습니다. 행복합니다.

3장:철수네 고추밭
철수는 게으른 사람입니다. 농사짓기도 싫습니다.
철수는 이장님을 찾아가서 여쭈어보니 고추농사가 좋다고 하셨다.
그래서 철수는 고추를 심기로 하고 밭으로 갔다. 철수는 밭 전체에
고추를 다 심기 싫었다. 일하는게 싫어서이다.
철수는 밭 중앙에 하트 모양으로 고추를 조금만 심었다.

4장:유기농 고추밭
철수는 먼저 하트 모양으로 땅을 50cm를 판 후에 미네랄,유기물,게껍질,재가루,숯가루..등을
층층이 땅속에 깔아준다. 사실 1m를 파고 50cm는 황토를 넣어 주었다.
철수는 사실 똑똑하다. 천재 농사꾼이다. 진정한 객토를 하는 유기농 농사를 짓고 있다.
이 모든 작업은 동영상 촬영을 한 후에 SNS에 매일매일 올리고 있다. 이 모든 것이 철수는 신났다.

5장:밭을 정원처럼(아트 팜)
고추를 심어놓고 예초기를 이장님께 빌려서 재초작업을
한 후에 밭 중앙에 큰 나무를 심고 나무 밑에 긴 공원벤취를
놓고 하루는 책 읽고 하루는 기타 치고 그러다 심심하면
여자 친구 영희를 위해서 장미꽃도 심었다. 야생화도 심었다.
그런 다음 철수만의 독특한 원두막을 건축했다.
한쪽에는 차나무도 심고 또 한쪽 공간에는 더덕,도라지도
심었다. 땅을 파서 장독을 묻고 빗물도 받아두었다.
정원같은 철수네 고추밭이 되었다.

7장:워라밸
철수가 밭으로 출근하는 시간은
오전 10시 30분이고
퇴근 시간은 오후4시 30분이고
주4일 근무를 하고 있다.
게으른 철수는 행복하다.

6장:관광 농업
그러던 어느날 여자 친구 영희가 영희 친구들과 놀러를 왔다.
또 SNS 친구들도 한명씩 단체로 놀러왔다. 철수는 칡도 즙을 내어서
팔고 옆 밭 응삼이 아저씨네 참외도 팔아주었다. 철수의 유기농
고추는 인기였다. 나날이 방문객이 늘고 철수는 동네사람들 농작물을
다 팔아주었다. 위탁판매로 철수는 수입이 나쁘지 않았다.

니편 내편은 있다
힘들다
인생사 세상사
자연은
언제나 내 편이다
푸름과 산소는
공짜이다

하늘을 바라보는 내 마음은 구름과 같아
있음과 없음의 허무함이 밀려와
지나는 바람에게 물어보네. .

자연 이 효. 리.

정인

이효리님
최근 알려진 실제
생일 사주풀이
입니다.

인목 정인이 위대한 사주

이효리님은
태어난 월에 인목 정인이 겁재의
경쟁에서 승리하는 길운 사주입니다.

겁재

겁재

이 사주는
월간, 일지에
겁재로
뿌리를 두고
있습니다. 겁재는 나
보다 힘쎈 사람과의
경쟁으로 빼앗기는
흉운입니다.
그러나 이 사주는
월지에 인목 정인의 큰 역활로
희박한 확률의 행운을 선사하는
팔자입니다.
이효리님은 인목 정인의 힘으로
승리의 여신이 되었고
스타 반열에 올랐습니다.

허나 겁재가 월주 지장간에도 존재하여
운에 기복이 심한 사주로 구설수가
많은 삶의 연속입니다.

드리는 창작시 : 내 남자친구. 자연

아 아 아름다움은 아파트가 아니잖아요
도 도도한 명품이 진짜 마음은 아니잖아요
웃어요 웃어요 이젠 울지 말아요

창밖에 강가 풍경은 내 것이 아니잖아요
돈 돈 돈으로 강을 사는 사람은 없잖아요
참아요 참아요 뛰어 내리지 말아요

붕 붕 꼬마 자동차는 폼 나지 않잖아요
바 바보들이 고급 승용차를 타고 달려요
괜찮아요 나와 함께해요 순례길을 걸어봐요

소개할께요 내 남자친구에요 멋져요 자연이에요

He.서하진

이 사주는 일간이 화이고 정관, 편관이
삼주에 없는 무관 사주입니다. 55세 임신
대운에 지지 신금은 사주 원국과 인사신을
이루는 흉운이 있습니다. 또한 65세 계유
대운에 계수 편관은 칠살을 넘어서 무관
사주에게 아주 위험한 대운입니다.

강박, 허무함, 열기

이 사주는 겁재가 강한
쫓기는 삶으로 휴식을
갈망하는 삶입니다.
인사신 삼형살 사주에
인미 귀문관살로
삶에 허무함으로 도인을
꿈 꾸기도 합니다.
또한 불이 많은 오행에
물이 없는 구조로 건강에
신경 써야 하는
사주입니다.

정사 일주에
제왕지로
역마, 지살이 강한
이사, 이동수가
많은 삶입니다.
일주에 고란살은
허전함과 외로움을
간직한 사주입니다.
기미년 식신격의
사주로 재능과
활동성이 좋습니다.

추천음악:Winter light
사라 브라이트만

45세

이효리님은 45세 신미
대운에 병신합으로
신금 편재 대운에 재물
운이 온 10년 대운
입니다. 25,26,27년은
대운이 바뀌고 길운이
흐르는 시기로 사업운이
좋은 시기입니다.
재물의 움직임이 큰 시기
입니다.

He.서하진의
아트 칼럼Book

CHAPTER
128

황금 수레 사주

카리나

에스파 카리나

무관 사주는 편관 대운은 주의해야 한다.

황금 돼지

정관 남자

己
亥

카리나님은 일주 지장간에 증기(인)에 갑목 정관 남자가 숨어 있습니다. 지지에 인목이 있거나 혹은 호랑이띠 남자 그리고 자수 쥐띠 남자이거나 일지 혹은 월지가 자수인 남자와 인연이 있습니다.

일지가 정재로 기해 일주는 일주 동물이 황금 돼지이고 재물 사주입니다.

42세 을해 올해 대운에 을경합 중첩은 사고수 입니다. 조심!

작가의 말:안녕하세요 카리나님 사주는 단순 점을 본 다고 생각할 수도 있습니다. 누구나 자신의 미래가 궁금합니다. 종교적인 이유로 관심이 없을 수도 있고요 제 생각은 삶의 지혜를 구하는 행위라고 생각합니다. 건강하세요!

상관

庚

상관 생재는 돈 버는 기계이며 타고난 재능으로 돈 복이 좋은 형국입니다.

亥

정재

천간에 상관이 병존으로 강하게 상관 생재하여 댄스 가수로 재능이 천부적인 사람 입니다.

상관   상관

庚   庚

辰   辰

겁재   겁재

토생금의 년주,월주는 진토 겁재가 상관을 빛나게 하는 구조로 상관의 예술적 재능이 돋보이는 사주입니다. 금이 병존으로 차가운 매력의 소유자입니다.

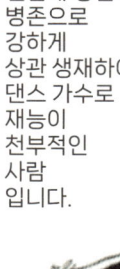

경진의 화개살,홍염살,괴강살은 이중적인 매력으로 강하지만 애교있는 홍염의 분위기로 웃는 매력의 아티스트 입니다.

진해 귀문이 강한 사주로 사찰을 종종 찾으면 좋습니다.

32   22

丙   丁

병화   정화

22세부터 20년간 화가 용신 대운으로 왔습니다. 삶은 운빨입니다. 32세 병자대운의 자수는 지장간에 계수 병존의 편재와 근을 이루게 되면 편재의 힘이 넘치는 운으로 재물을 손실하는 운이옵니다.

노무현 죽음의 시간

편인	일간	편인	편인
丙	戊	丙	丙
辰	寅	辛	戌
비견	편관	식신	비견

(고 노무현 전 대통령 사주입니다. 시는 추정으로 합니다)

사망시기:2009년 5월 23일 오전 6시 16분

 62세 계묘 대운에 지지 묘목이 사주 원국의 월지 신금을
만나서 묘신 귀문관살이옵니다.
계수 물을 달고옵니다. 귀문의 힘이 강해집니다.

 2009년 기축년은 무토 일간에게는 겁재의 간여지동 해로
빼앗기는 흉운이 움직이는 해입니다.
축토가 12운성 묘지로 오면서 입묘하는 시기로
공동묘지 운으로 죽음의 기운이 있는 시기입니다.
이 토가 5월 기사월에 기토 겁재와 중첩됩니다.
흉운이 더 강해집니다.

 ### 인사신 삼형살
피를 보는 죽음의 형태이며 강력한 흉살입니다.

5월 기사월에 인목,신금이 사주 원국에 일지와 월지에
존재합니다. 사화가 오면서 인사신의 합이 강한 합이 됩니다
강력한 흉살이 옵니다.

병 화 이 사주는 천간에 병화가 병존으로 사화가 오면 근을 두면서
강력한 화의 기운이 표출됩니다. 기사의 사화는 강력한
사화가 되는 것입니다. 이미 흉운을 예견한 사주 구조입니다.

23일 무진일

 무진일의 토 기운은 입묘하는 충의 흉운이 더 강해지는 시기로
진토는 우울증 코드가 있습니다. 자살할 수 있는 기운이면서
연속적으로 다가오는 사주의 기운입니다. 이미 그 이전부터
정신적으로 혼란한 시기가 왔을테고 정신과 치료가 필요한
때였습니다. 오전6시 16분은 묘시입니다. 한번 더 저승사자가
옵니다. 묘신 귀문관살이 작용했습니다.

He. 서하진의
아트 칼럼 Book

사피엔스의 이기심

사피엔스는 너무 멀리 왔다.
더 이상 이웃의 아픔을 진정으로
나누려고 하지 않는다.

사피엔스가 만든
사회는 가치를
추구하지 않는다.
정치 또한 가치를
추구하지 않는다.
가치를 사회나
국가가 만들 수 없는
이유는
이기심이다.
희생하려는 마음은
사피엔스가 가지지
못한다.

고도화된 물질의 향락은 마약 중독자와
같다.
이기심 좀비처럼 움직이고 도시에
머물면서 의미없는 시간 소비에 노예로
생명유지에 혈안 되어있다.

좀비 이기심

길고양이들이
쓰레기봉투를 뒤지는 것은
오래전 사피엔스가
하이에나처럼 다른 표유류가
남긴 썩은 고기를 먹던
시절처럼 생존 방법일
뿐이다. 그냥 먹이이지
쓰레기가 아니다.
사피엔스는 먹이감이
남아돈다. 그러나 욕망에
허기가 체워지지 않는다.

젠슨 황

정재

정재

甲
寅

정재
戊 정인
丙 정관
甲 정재

정재격

젠슨 황은
월주가
간여지동의
정재격의
사주로
큰 부자가
될 팔자이며
돈을 아끼고
모으는
재주가 있는
돈 버는 기계
라고 보면
됩니다.

인사신 삼형살

2025
편재

乙
巳

정관
사

을사년의
지지 사화가
월지 인목을
만나면
인사형으로
관재수가
있습니다.
무신 대운의
지지 신금으로
인사신
삼형살이
움직이는
마지막 대운
년도로
특히!
올해는
조심해야
합니다.

일간

식신

정재

辛
卯
편재

甲
寅
정재

癸
卯
편재

일에 미친 ..돈에 미친 ..

식신 생재

젠슨 황은
년간이 계수 식신으로
삼주의 4개 재성과 식신 생재하는
사주로 일과 돈에 열정이 가득한
사주 구조입니다.
일 중독자가 되기 쉬운
삶으로 수생목의 기운으로
계수 식신이 큰 역활을
하는 구조입니다.
일간 신금이 금생수로
계수 식신에 힘을
실어줍니다.

64
편관

丁
未

편인
쇠

64세 편관대운

문제는
무관 사주로
사고수에
백신이 없는
운명입니다.
대운에서
편관 칠살이
올때
극단적인
사고수가
찾아옵니다.
25년이
지나면
정미대운으로
넘어 가면서
편관 대운에
접어 들게
됩니다.
개인의 건강에
신경을 써야하는
시기입니다.

용신 대운

乙 丙 丁
巳 午 未

64세 부터 30년간
화의 관성 대운이 흐르고
있습니다.
무관 사주에서 관은
위험하지만 고비를 잘 넘기면
용신이 됩니다.

드리는 창작시: 다이아몬드 여왕

숲을 지나면 나의 궁전이에요
나뭇잎을 젖히면 꽃잎이 뿌려진 바다가 보여요

다 나의 궁전이에요

보석은 반짝이고 내 눈도 반짝반짝 눈부셔요
다 내 것이에요 난 공주에요
이젠 여왕이에요

행복한 긍정은 카타르시스를 느끼게해요
난 유희를 다룰 수 있어요
해피바이러스는 자연에 있기 때문이에요

난 의심하지 않아요 자연은 궁전이에요
보석 광산은 다 내 것이에요
다람쥐 내 친구가 다이아몬드 50캐럿을
물고 다녀요 꽃사슴은 목에 150캐럿 이에요

난 숲속 친구에게 풍족하게 나누는 여왕이에요
백마탄 왕자는 친구에요 난 위대한 여왕이에요

He.서하진

상관 辛

월간에 신금 상관으로 살아가는 상관녀 입니다. 일지,월지 수의 재성과 금생수하는 상관 생재를 강하게 하는 구조입니다.

추천음악:

The winner takes it all-At Vance
원래 아바의 곡이지만 락밴드 리메이크 곡입니다.
상관 상재의 넘치는 에너지를 해소 시켜주는 음악입니다.

戊 일산
子 정재
亥

경수진님은 무자일주로 무토의 큰 산에 옹달샘이 있는 물상입니다.
무토 일간으로 넉넉한 마음의 소유자이며 자수 정재로 꼼꼼하며 재물을 모으는 사람 입니다.

월지가 해수 편재로 재성이 지지에 병존된 구조입니다. 돈 관리가 필요한 사주로 사업가 기질이 강한 사람 입니다.

41세 결혼..

丙 辰

31세 을묘 대운에 해묘미 인연과 41세 신자진 삼합 인연이 교차하면서 만나는 운이 흐르고 있습니다. 해묘미의 미토 양띠와 신자진의 신금 원숭이띠 남자와 인연이 있습니다. 이 운에 결혼을 못하면 49세 이후에 있습니다.

卯 정관

정관 여자입니다. 시집 잘 가는 팔자 입니다.

甲 편관

지장간에 편관 남자가 숨어 있습니다. 지지 해수와 수생목합니다. 인목 호랑이띠와 인연이 있습니다.

상관 辛

놀기 좋아하고 강하게 상관 생재하여 거침이 없는 모습입니다. 한마디로 놀 줄 아는 사람입니다.

재물

상관이 끊임없이 일지,월지에 재물이 따르는 기운이며 이는 태어난 년에 관인상생 운이 받쳐주고 이 것이 대운에서 목,화로 흘러가면서 안정적인 재물이 안착되고 있습니다.

상관 辛 **정인 丁**

상관패인

이 사주는 천간이 상관패인 입니다. 이 사주에 핵심이 이 상관패인입니다. 상관의 거침을 정화 정인이 다듬어주는 형국 입니다. 상관이 정인을 만나지 못하면 흉이옵니다. 이 사주는 정화 정인이 신의 한 수 입니다.

무토 戊 **신금 辛**

무토 일간은 신금을 좋아합니다. 토생금의 기운으로 상관이 강해지는 형국이며 보석 광산이 되는 재물 기운입니다. 상관의 재능 또한 일취월장합니다.

He.서하진의 한줄.. 사주 에세이..

배우 경수진

모성애도 있고 남자운도 좋습니다. 식상의 자식운도 있습니다. 허나 놀기 좋아하고 돈 좋아서 충분히 재미있게 살다가 천천히 결혼해도 좋을 사주입니다.

작가의 말 : 이 사주는 앞으로 30년 동안 화 대운이옵니다.
귀인 복이 따르고 공부 운도 트여 있습니다.
하지만 사주 원국에 물이 많은 사주로 무토와 토극수하는 기운입니다.
불이 오면 수극화로 극이 강하게 작용하여 정신코드가 흔들리고 흉운의 사고수나 귀문관살이 움직이면서 충동적인 일에 흉이 따르니 특별히 조심하셔야 합니다.

승소

스님을 웃게하는 음식

효봉스님이 법정스님에게
중이 공양 시간을
제 시간에 맞쳐야지 나 오늘 밥 안먹는다.

법정 스님이 효봉스님을 모실때 공양 시간을
놓쳐서 꾸중을 듣고 괭이로 밭을 갈면서
참회 시간을 가진 후에 일입니다.
효봉스님이 국수를 끓여주신 맛있는 기억에
법정 스님이 평생 국수를 즐겨드셨습니다.

CHAPTER

1조1번

철학 그것은 수용과 반박의 교차점

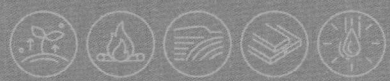

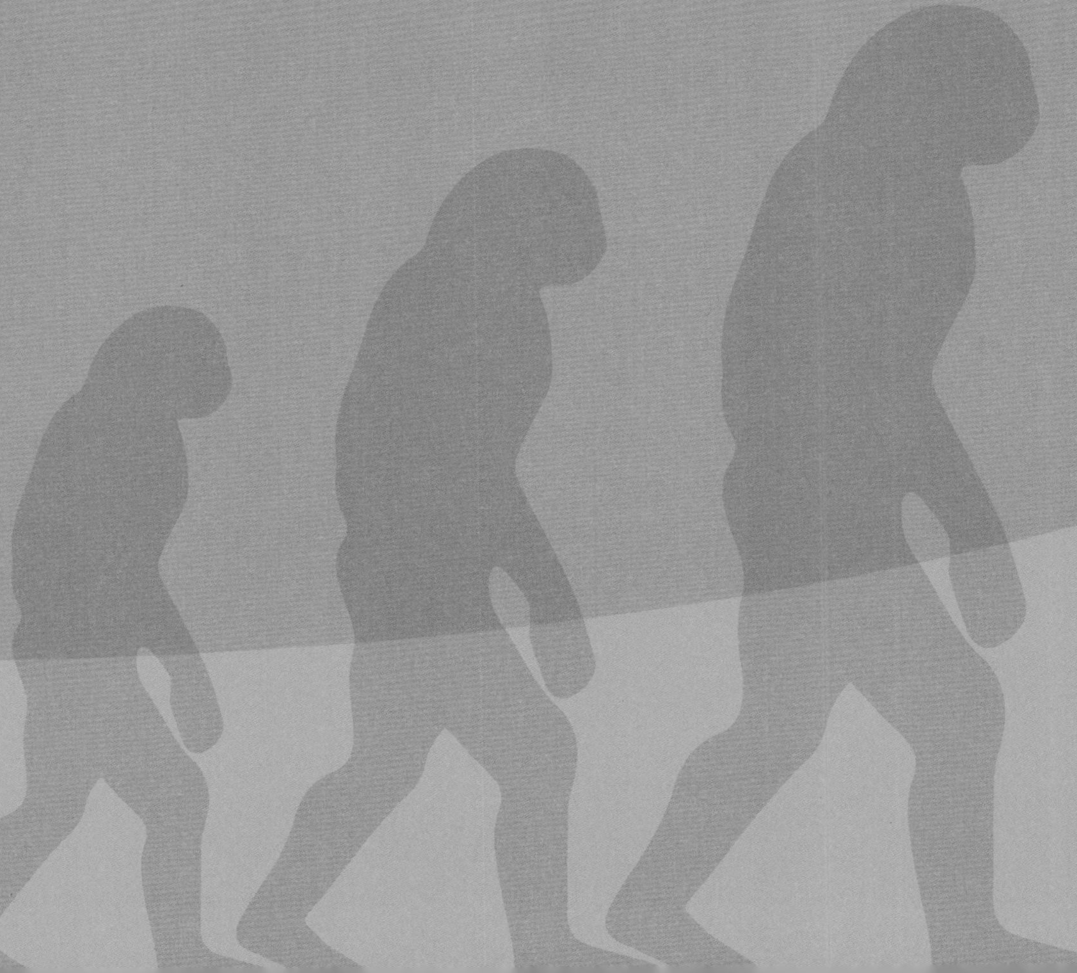

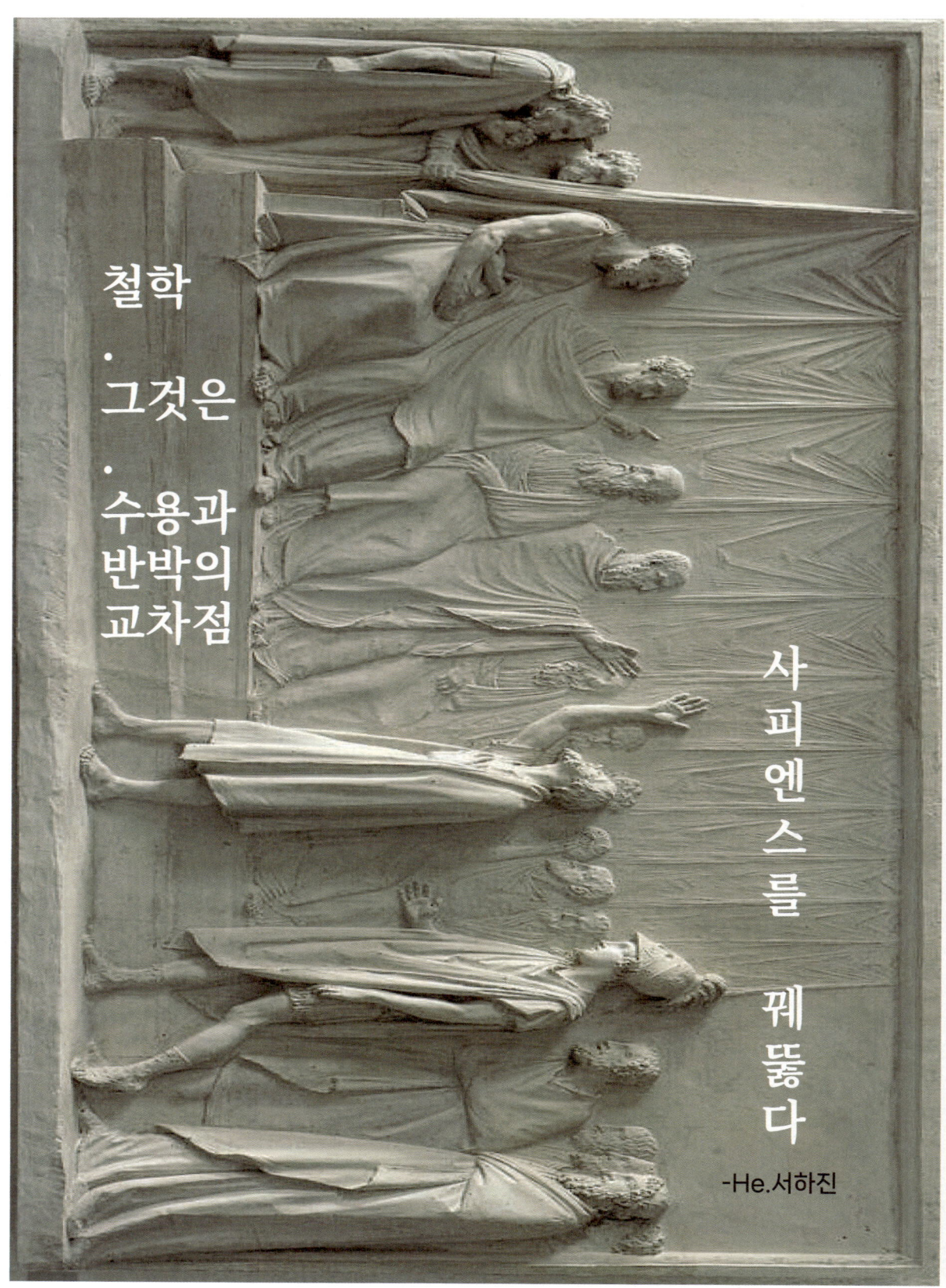

철학
· 그것은
· 수용과
  반박의
  교차점

사피엔스를 꿰뚫다

-He.서하진

He.서하진의 한줄 에세이..

사피엔스의 SEX 혁명

사피엔스가 느끼는
아름다움은
축복이다.
그 아름다움의 감정이
특별한 유일한
생명체이다.

짝짓기와 상관없이 성행위를 즐기는 유일한
생명체이며 이것이 사피엔스의 섹스 혁명이다.
여성이 평등한 사회로 가면서 종족번식은
의미가 없고 모성애도 퇴화 되어간다.

페이커

신이 내린 사주
이 상 혁

정인   식신

癸   **丙**

巳   **子**

식신   정인

페이커 이상혁님은
년주와 월주가 뿌리를 둔 완벽한 사주입니다.
정인의 천재끼와 식신의 장인급 손재주로
프로 게이머를 하기 위해 태어난 사람입니다.
정인격에 식신격의 신의 사주입니다.

일간

편재

갑진 일주로 일지가 진토 편재입니다.
월지 사화가 목생화로 식신생재하는
구조로 손재능이 결과를 보는 완벽한
시스템적인 형식입니다.
대운의 흐름도 비견, 겁재로 10대
20대에 왔고 20세 을미 대운의 겁재는
정인이 강한 사주에서 수 많은
경쟁자를 이기고 우승하는 길운이
왔습니다. 퍼펙터한 운의 흐름입니다.

He.서하진의
아트 칼럼 Book

2조2번

사피엔스를 꿰뚫다

사피엔스를 꿰뚫다

사피엔스를 꿰뚫다

현재에 머무는 자 과거에 살고 과거를 아는 자
현재를 비판만 하고 미래를 꿈꾸는 자
망상에 머물고 나를 탐구하고 아는 자
남을 생각하는 위대한 자이다.
그리고 내가 나를 위로 할 수 없다.
남도 나를 위로 할 수 없다.
나 스스로를 인정할 뿐 이다.
사피엔스는 스스로를 꿰뚫 수 없다.

He.서하진

유발 하라리

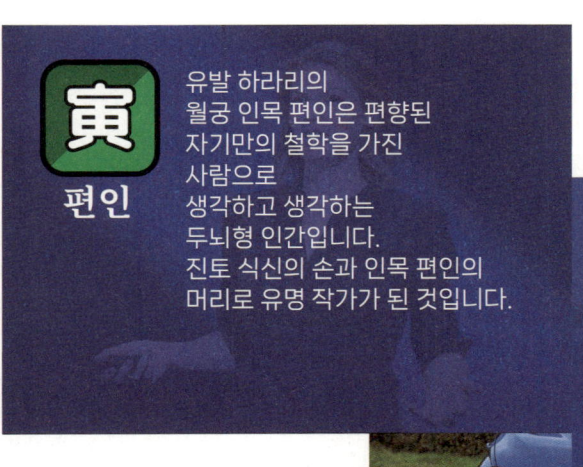

寅
편인

유발 하라리의
월궁 인목 편인은 편향된
자기만의 철학을 가진
사람으로
생각하고 생각하는
두뇌형 인간입니다.
진토 식신의 손과 인목 편인의
머리로 유명 작가가 된 것입니다.

33
편인
甲
午
겁재
제왕

갑오 대운에서 월지 인목이 갑목과
합을 이루어서 근이 작용합니다.
편인의 힘이 강해지는 것입니다.
사피엔스를 저술하여 상을 받는
경인년과 신묘년은 목 인성이 강하게
오는 시기에 길운을 맞게 됩니다.
오화 겁재가 인성이 강해지면서
성공 운이 따르게 되었습니다.

현재 25년은 을미대운으로
을목 정인과 미토 상관이
만나는 상관 패인의 대운으로
길운이 온 시기입니다.
허나 25,26,27년의 화운은
기신이 중첩되는 흉운의
시기로 10년운이 바뀌는
대운징조 교운기로
대운앓이 시기입니다.
27년 정미년은 인미 귀문관살이
중첩되는 시기로 10년 운의 끝에 강한 귀문 작용으로
무관 사주는 아주 위험한 흉운이 찾아옵니다.

2027
겁재
丁
未
상관
쇠

2026
비견
丙
午
겁재
제왕

2025
정인
乙
巳
비견
견록

을미대운에 상관 패인의
인성은 구독자인
팬들이 상관의 기운을
이끌어 준 것입니다.
귀인이 오는 대운입니다.
이 대운이 끝나면
화 대운이 20년 오며
건강상 불리한 흉운이 계속
찾아옵니다.

43
정인
乙
未
상관
쇠

일간(나)

丙

午
겁재

편재

庚

寅
편인

비견

丙

辰
식신

유발 하라리는 인월의 봄기운에 태어난 병화 일간으로
이미 태어난 년에 병화가 있습니다.
안정적이고 좋은 사주 구조입니다. 병오 일주 제왕지로
이미 성공한 삶입니다. 경인 월주로 경금 편재의 재물이
양옆의 병화가 녹여서 돈을 만드는 구조입니다.
일지가 겁재이고 년간이 비견으로 자수성가형 사주팔자
입니다. 비견2에 겁재1이 화로 오면 반드는 될 팔자입니다.
비겁 다자는 독한 사람입니다. 노력형 천재입니다.
허나 화일간에 무관 사주로 단명 운이 있습니다.
지장간에 계수 편인이 말라 버리는 운으로 건강에 신경 써야 하는
사주입니다. 화 기운이 너무 강해서 사고수도 조심해야 합니다.

辰
식신

태어난 년에 진토가 식신
이며 식신으로 작가가
된 것입니다.
재주,재능입니다.
월간 경금과 식신 생재하여
능률적인 작가의 능력입니다.
또한 월지 사회궁인 월궁이
인목 편인으로 생각하는
능력이 탁월합니다.
천간의 병화가 인목 나무를
키우는 구조입니다.

273

자연편집혁명

농업은 사피엔스가 자연을
편집한 것이며 공동체는 help me에서
시작된 것이다.
도움이 서로서로 필요했던 것이다.
이미 삼삼오오 모여 다녔고
이는 다른 동물이나 식물에서도
일반적인 종족보존의 본능이다.

사화는 만개한 꽃이며
병화의 천간 자식인 부리입니다.

자연 편집 혁명

농업은 자연 편집이다.
그것이 사피엔스의 생존 비결이다.

천간 기토는 논밭이고 을목,묘목은
기토에 심어진 농작물이다.
사월에 여름이면 태양빛에
곡식이 익어가는
계절입니다.
기토 일간의 정관인 을묘는
순조로운 농사를 말하며
풍년입니다.

인지능력은 편집 능력이 가져온 것이며
자연을 편집해서 농업을 발전 시킨
사피엔스는 편집 능력으로
인류라는 개체가 생존한 것이며
직립 보행의 결과가 이동에서
손의 진화가 편집 능력을 가지게
되었고 그로인해 자연 편집 생활로 공동체의
필요성을 느끼면 help me 로 "나를 도와줘"
언어의 소통능력이 발전한 것이다.
인지는 하나의 작은 동물 세계에 존재하는
생존본능이다.
사피엔스만의 능력은 손재주를 탄생시킨
직립보행이다.

식신은 손과 발의 활동성이며
특히 손재주를 말한다.

손의 혁명

정재　　　식신

언어의 또 다른 손동작은
손재주로 편집 능력을
키운 것이며 이것이
식신 생재하면
목표를 가지고 움직이며
농사의 결과인 열매를
수확하는 능력이다.

살인혁명

인구가 많아서
땅이 부족해서 비석도 못 세우는
지금이 불행한 시기이다.
죽음이 만든 종교적 상상력은
할렐루야이다.

죽음의 효율성

인간 생존 유지의 가장 큰 효율성은
죽음이다.
지금 80억 인구는 인류 멸망을
이미 말하고 있다.

정재	일간	편인	정재
己	甲	壬	己
巳	午	申	丑
식신	상관	편관	정재

나폴레옹 사주는 생월이 살인 상생하는 구조로 전쟁 영웅
다운 사주 구조입니다. 정재격의 목표 지향적인
갑목 일간으로 추진력이 좋은 사주 구조입니다.

61번의 전투로 300만명 사망..

살인 혁명

나폴레옹은 평생 61번의 전투를 치르면서 300만명이
죽었습니다. 늘어나는 인구를 전쟁으로 조율한
인간의 역사입니다.
수많은 전쟁이 아니었다면 폭발적인 인구증가로

인간은 스스로 자멸했을 것입니다.
적당한 시기에 적당히 인구 조율에 들어간 것입니다.
오히려 평화로움은 인구의 증가로 공간을
더 빨리 파괴해서 자연 공간이 인간 놀이터로 전모합니다.

이혼혁명

이혼 자판기..
암컷, 수컷이 바뀌면
생산 본능이 증가한다.

SEX

정 임 합
丁 壬

이 혼 혁 명

모성애는 사치이다.
새들은
일년에 한번 새짝을
만난다.
양육은 시간 낭비이고
교육은 불필요한
세뇌이다.
자연은
순환이고
생명은 번식하고
번식한다.
출산률과 이혼률은
자연의 법칙이다.

초혼이 힘들지..
이혼은 쉽다.
.
.
인구 증가에 효율적
한 여자가
출산 기회를
여러차례 가지는 건
사피엔스의
생존법이다.

He.서하진

손의혁명

식신

Crafts man ship
손 재 주

정인,편인

호모 사피엔스 사피엔스는
정인, 편인의
두뇌형 인간에서
식신, 상관의
손의 기술 인간으로 진화한다.

손의 혁명이
농업 혁명과 과학혁명을
가져온 것이다.
손의 편집 능력이다.
두뇌의 발전도
손재주로 이루어진 것이다.

사피엔스의 가치는 손에 있다

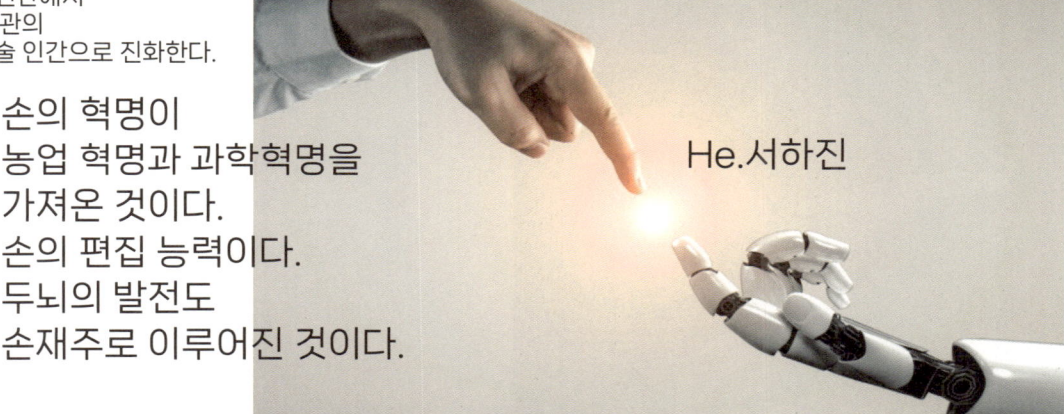

He.서하진

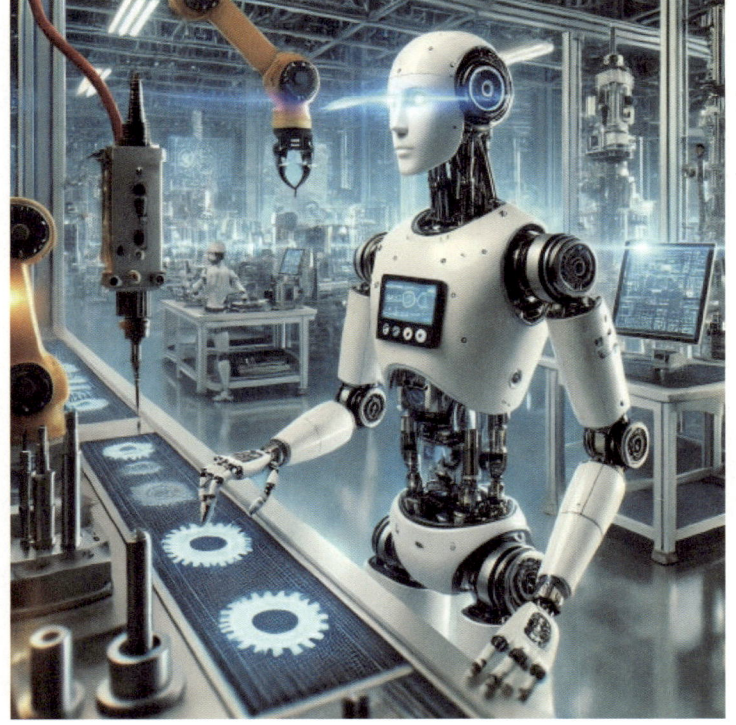

직립보행은
사피엔스의 손의
감각을 키운것이고
그것이 인지적 언어를
발전시킨 것이다.

인간이 낳은 무생물 인간 AI는
뇌의 기능 컴퓨터가
중요하지 않다.
일해줄 싸워줄 케어해줄
손의 존재가 섬세한
로봇이다.
AI 로봇의 학습 능력의
진화는
손의 활동 경험치에서
탄생한다.

277

법칙혁명

블랙홀은 사피엔스가
느끼는 생각하는 공간의 오류된
시야의 한단면이다.

법 칙 혁 명

과학은 인간의 뇌에서 출발하여
오감의 이해로 끝난다.
사피엔스의 뇌의 한계보다
신체가 느끼는 한계가
더 떨어진다.
뇌의 규칙은 신체를 제어하는
범위에서 작동하고 이해한다.
즉 뇌가 시켜서 손이 동작하는게
아닌 손의 동작에 뇌가 맞혀진다는
맞춤형 뇌입니다.
인간 신체에 맞쳐진 뇌로 수학, 물리학을
정리합니다.
우주 시, 공간을 정리하는
사피엔스의 수학공식과 물리법칙은
그냥 인간의 오감을 작동하는
유기체의 단백질 덩어리 뿐입니다.

0과1 2진법
중첩은 양자

0과1 2진법 계산기가 사피엔스의
뇌이다.
여기에
0과1의 혼돈이 사피엔스 망상이다.
뇌의 망상 놀이터가 과학이다.
법칙, 규칙의 작용은 신체 활동의
안전성을 유지함이다.
11차원..110차원은 사피엔스 뇌의
제한된 사피엔스만의 한계 과학이다.
유기체 우주인은 가장 낮은 단계의
우주인이다.
우주는 시간은 없다,
공간은 불규칙하고 사피엔스가 생각하는
공간의 개념과 실제 우주의 공간 개념은
다르다. 우주의 공간은 생각하는 공간이다.
이것이 우주 1차원이다.

노예혁명

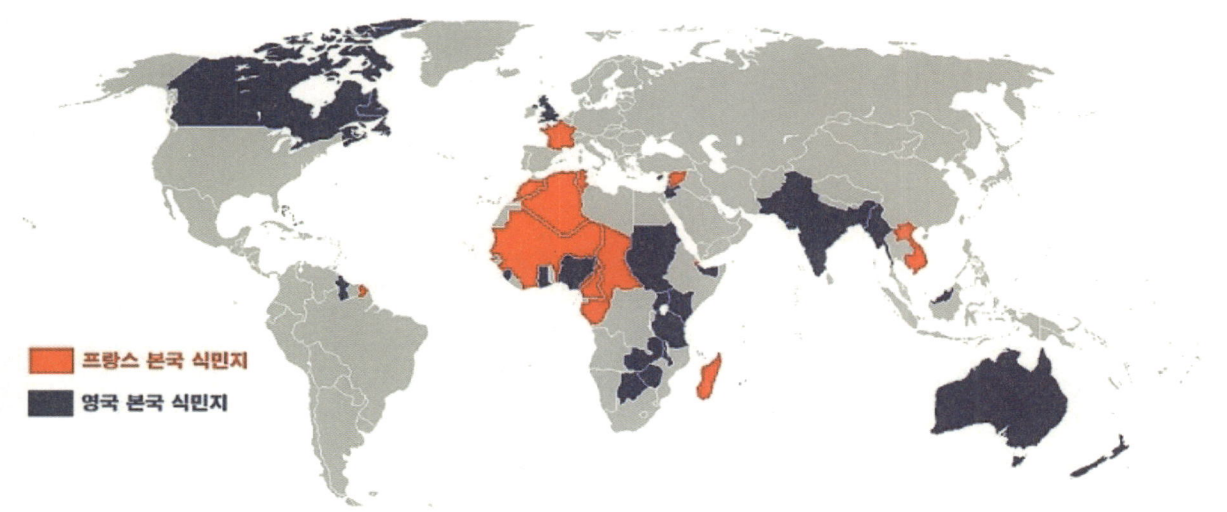

프랑스 본국 식민지
영국 본국 식민지

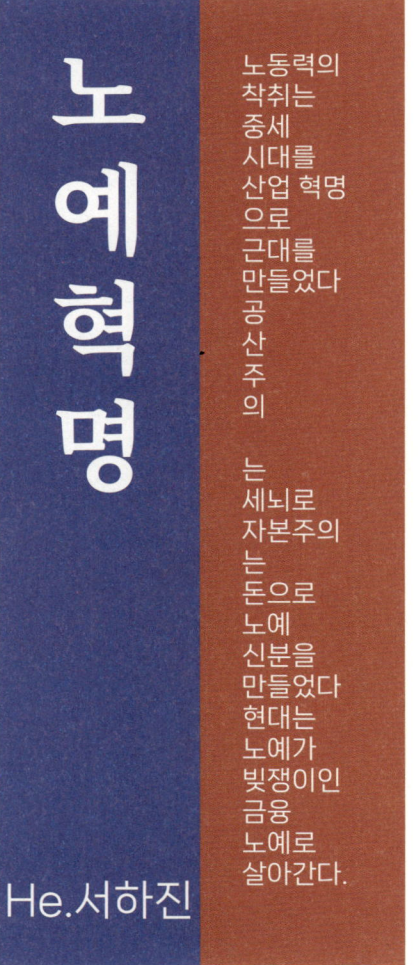

노
예
혁
명

노동력의
착취는
중세
시대를
산업 혁명
으로
근대를
만들었다
공산주의

는
세뇌로
자본주의
는
돈으로
노예
신분을
만들었다
현대는
노예가
빚쟁이인
금융
노예로
살아간다.

He.서하진

일  비견

하  식신

다  정재

He.서하진의
아트 칼럼 Book

동물 친구들..

국가는
길고양이들에게
안정된 집과 먹이를
제공하라.
제공하라.
.

.
사피엔스에게
병을 옮기는
들쥐와
곡식을 훔치는 집쥐를
잡아주니
국민의 건강과 곡식을
지켜주는 길고양이들에게
집과 먹이를
국가는 제공하라.
.
국가를 상대로
고소장을 제출한다.

He.서하진

3조3번

결혼

결혼-유인나

매력적인 목소리

庚
상관

유인나님은 월주 지장간에 경금 상관이 있습니다. 이 상관이 년간 임수와 상관생재 합니다.
토 기운이 강하여 부드러운 토생금의 목소리를 가진 사람입니다.

나는 이제 곧 전투에 나갑니다
조국에 운명은 나의 사랑과 같습니다
떠나는 나를 용서하지 말아주세요

늦가을의 이별은 적당히 스산한 기분에
난 애써 즐겁습니다 환희의 눈물입니다

꿈에서 본 빨간 벽돌집은 평화로웠습니다
당신도 그럴테지요

사랑의 총알은 저 태양을 삼키고
문앞에 두고 온 편지는 하늘에서
당신이 본다는 얘기를 들었어요

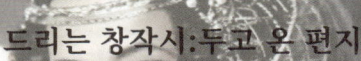

드리는 창작시:두고 온 편지

당신은 멋이 향기로운 여자입니다

문 앞에 두고 온 편지는 지난날의 추억을 다 담지 못하였습니다.

배우 유인나님은 비겁이 3개인 자수성가형 사주입니다.
년에 천간 임수 정재는 평생 재물이 떠나지 않는 사주입니다.

배우 유인나

일지 비견

己

未
비견

일지가 비견인 사주로 배우자 자리가 불리한 사주입니다,
관대지로 기쎈 여자로 양인살로 신강하여 좀 처럼 배우자 자리가 불리합니다.

숨겨진 남자

乙

일주 지장간에 을목 편관 남자가 숨어있고 월간에 투간된 사주로 묘목의 관성남자인 토끼띠와 인연이 있습니다.

未
토끼띠 남자

일지 미토는 해묘미 삼합 인연이 있습니다. 묘목의 글자가 일지,월지에 있거나 토끼띠 남자와 인연이 강한 이유는 을목 편관이 투간된 사주로 지지 묘목과의 운명이 있습니다.

巳

戌

사유축,인오술의 대운과 세운 시기에 연애운이 들어오고 지지에 이 글자가 있는 남자와 인연이 있습니다.
특히 유금 남자와 인연도 있습니다.
닭띠 이거나 지지에 유금이 있는 남자입니다.

편관 칠살

태어난 월에 을목 편관이 일간 기토를 치는 편관 칠살로 시집살이 운이 있고 오늘날에는 시어머니가 없는 남자와 인연이 있습니다.

추천 음악:
어린이의 정경
-로베르트 슈만

2026년,2027년

40세 신축 대운에 지지 축토는 사유축 인연이 있고 천간 신금의 지지인 유금의 인연이 있습니다.
2026년 병오년 오화는 인오술의 연애운이 있고 2027년 정미년에는 해묘미의 3월에 연애 기운이 강합니다.
월지 사화와 년지 술토가 만나면 사술 귀문으로 귀문에 작용으로 홀리듯 인연과 극적인 연애운이 있습니다.

편관 여자

배우 유인나 님은 편관 여자로 보수적인 아날로그 코드가 있는 사람으로 그러한 남자를 원합니다. 정관.편관의 예의 바르고 책임감있는 남자를 원합니다.
남자다운 남자에게 끌리는 사주로 편관,정인의 여자로 성품이 좋은 신사임당 코드를 가진 여자입니다.
이런 사주는 반드시 좋은 인연이 운명처럼 나타나며 본인 또한 모성애가 강한 여자로 내조도 잘 하는 여자 사주입니다.
을사 월주의 센스로 살림도 잘 하는 여성상입니다.

미국
대통령과 대변인의 궁합

대변인 캐롤라인 레빗

일간	비견	정인
戊	戊	丁
戌	申	丑
비견	식신	겁재

캐롤라인 레빗은 태어난 월에 신금이 식신이 토생금으로 식신 금이 빛나는 사주로 언변력이 뛰어난 사주입니다. 대운 또한 신해로 신금 상관이 일간과 토생금으로 식상의 말빨이 아주 강하게 작용하는 기운의 시기입니다.
비견 다자로 기자들 앞에서 대결하는 구도는 그녀의 숙명이며 경쟁 구도의 삶이 팔자입니다.

대통령 대변인 으로서 도널드 트럼프 대통령과의 궁합은 일간이 토의 간여지동으로 같고 태어난 년이 화생토로 같으며 년간이 정인으로 서로 성향이 같은 훌륭한 파트너입니다.
두 분 다 년간 정인으로 총명한 사람들입니다.

대통령 도널드 트럼프

일간	정관	정인
己	甲	丙
未	午	戌
비견	편인	겁재

도널드 트럼프 대통령은 78세 임인 대운이 신의 한수로 당선되었습니다.
월간의 갑목 정관이 임인 대운에 인목 정관이 뿌리로 온 대운입니다. 24년,25년은 관운이 흐르면서 명예가 높아지는 시기입니다.
2027년 정미년은 인미 귀문관살이 중첩이 되면서 흉운이옵니다. 물이 부족한 사주가 대운에 임수의 큰 물이 오면서 용신이 온 길운이 흐르는 시기는 맞습니다.

He.서하진의 한줄 에세이..

팝 여가수
아리아나 그란데

아리아나 그란데에게
푸른하늘의
"꿈에서 본 거리"를
추천곡으로 전해 드립니다.

작가의 말 : 분명 돈과 명예를 가진
여자에게 결혼은 유리할 수 있습니다.
또 이혼 이라는 실패를 충분히 누구나 할 수
있습니다. 최근 전세계적인 가치관으로 볼 때
이혼 쯤이야 다시 좋은 사랑이 올 거라 얘기 할 수
있습니다. 어떤 여자분은 이혼 후 정신적인 충격이
약할 수 있습니다. 머 어때 남들 다 하는 이혼인데 혼자 잘
사면 되지 말할 겁니다. 하지만 아리아나 그란데는 이혼에 대한
정신적인 충격이 심한 여자이고 꼭 남편과 가정이 있어야하는 사람입니다.
그 다름을 체크하는 것이 사주입니다. 그리고 어떤 남자를 만나야 하고 연애만 해야 하는 남자인지
결혼을 해도 되는지 확인할 수 있는 시스템이 사주이고 만세력입니다. 누구나 같지 않습니다.
다릅니다 그 다릅의 그룹을 분류하고 내가 어느 그룹에 속하는지 확인하는 것이 먼저이고 꼭 필요
합니다.

일간

戊
寅
편관

팝 여가수 아리아나 그란데는 일지 편관 여자입니다.
태어난 년에 유금 상관이 인목 편관 남편과 맞서는
갈등의 흉살인 상관대살 여자 사주입니다.
2번 결혼하는 여자 팔자로 편관 여자는 보수적입니다.
그러나 태어난 년에 지지인 닭띠 유금의 상관으로 태어났습니다.
이 상관은 싸움닭의 성향도 있습니다. 또 무토 비견으로 고집도
있습니다. 인목과 유금은 원진살로 부부 관계에 불화가 있는
여자 팔자입니다.

2021년 5월 18일 결혼..

신유 대운의
사유축 삼합 인연으로
신축년 사유축에
화개살 결혼운이며
계사월 사유축 삼합
인연이 중첩되는
운입니다.
병진일 사화가 천간
병화와 합을 하여
강한 사유축 인연으로
결혼을 했습니다.
유금 상관운에
결혼을 하였기에
남편의 바람으로
이혼한 원진살
인연이었습니다.

원망!

아리아나 그란데의 사주상
결혼 운은 34세 임술 대운에
있습니다. 지지 술토의 육합
인연인 묘목 정관운에
결혼합니다. 천간에
임수가 온 것 은
정임합을
예견합니다.
대운이 바뀌고
2026년도 연애운이
있고 27년 정미년에
정임합 운도 있습니다.
30년 경술년도 인오술의
묘술 인연이 있고 대운의
끝나는 해인
35년도 결혼 운이
강하게 옵니다.

아리아나
그란데는
일지 편관 여자로
목 오행의 관성이
있는 남자를
만나야지
결혼합니다.
편관 여자의
팔자입니다.

34세 임술 대운

壬
戌

He.서하진의
아트 칼럼 Book

5조5번

독립운동가

도마 안중근

나의 전쟁은
이제부터 시작이다!

도마 안 중 근

1879년 9월 2일

겁재	일간	상관	편관

壬	癸	甲	己
子	酉	戌	卯
겁재	편인	정관	식신

년주와 월주가 대각선 X자 통근 사주로 귀격 사주 입니다.

위대한 도 마 안 중 근

도마 안중근은 정관이 편관으로 투출된 사주로 관성의 대의적인 삶을 사는 사주입니다.
그 결단력은 유금 편인이 작용하고 목의 식상이 행동으로 옮겨지는 사주입니다.
천간 갑목 상관이 년지에 식신이 투출되어서 총을 쏘는 재능이 탁월한 사람입니다.
전투력과 사격술이 타고난 안중근입니다.

하얼빈의 아침. 나. 중근

기차가 연기속에 숨죽여 멈추었다
자른 손마디에 전기가 찌릿 흐른다
머릿속엔 키 작은 흰 수염의 노인으로
가득 차있다

내 심장에 맞닿은 7연발 권총이
차가운 심장 박동과 함께 뛴다
대한의군 중장 나 안중근 내 사격술을
의심하지 않는다 때를 기다리자

얼굴은 실패한다 키가 작다
순간 머리가 차가워진다 브라이닝 총에
이미 손이 가있다 하강 사격 목표는 심장이다
숨을 멈추고 옆면을 조준하여 어깨부터
3발을 쏘았고 노인이 쓰러졌다

노인이 이토가 아닐 수도 있다
주위 3명을 명중했다 이제 나의 할 일은 끝났다
하얼빈의 아침 나 중근 조국을 위해 여기 서 있다

He.서하진

일운	월운	세운	대운
편관	상관	편관	편인

己	甲	己	辛
未	戌	酉	未
편관	정관	편인	편관

1909년 10월 26일

신미 대운이 왔고 기해년에 편관이 합을 하여
국가에 대한 희생을 마음 먹는 운이 왔습니다.
갑술월에 술토 정관이 10월이고 26일
기미일에 간여지동의 편관격 운이 왔습니다.
오전 9시에서 30분은 진시에서 사시로
넘어가는 시간에 진토 정관과 사화 정재운에
재생관에 식신생재로
명중하는 운이 작동합니다.

의거 시간:오전 9시 30분

 진 시　진유 육합
정관　　　　　진술충

 사 시　사유축 삼합
정재　　　　　사술 귀문관살
　　　　　　　식신생재

대한의군 참모중장
안중근

배우 김희선

김희선님은 화가 뿌리를 둔 사주로 화의 여신입니다.
화의 인성이 토 일간에 모두 생하는 성공 사주입니다.
미모는 두번째이고 사주가 스타를 만든 것입니다.
1990년 14세 부터 금기운이 4년 흘렀고 19세 대운에서
40년간 금 대운이 흐르고 있습니다.

천운을 타고난 사람입니다.
.
.
지금 까지는 운이 좋았습니다.
49세 부터 수 대운이 30년옵니다.
이 기운은 물과 불이 강하게 충돌하는
수극화의 스파크가 강하게 일어나는
흉운이 발생합니다.

	69	59	49

정신코드가 흔들리는 시절이 시작
되었습니다. 우울증 공황장애등의
힘든 운이 발생합니다. 목이 필요한데
30년뒤에 목 대운이옵니다.

상담 : 김희선님의 사주는 사주 8글자가 아닌
10년 운인 대운에 있습니다. 56세
임자년, 59세 이후 10년 운인 임자 대운에 강한
흉운이 찾아옵니다. 절대적으로 목인 나무와
자연이 필요한 형국입니다. 가까운 시골에
쉼터를 마련 하여서 자주 찾으면 부족한
목기운이 수생목하여 흉운을 막는 역활을
합니다. 흉운의 사건은 큰병,가족의 사고수
정신병,재물 손실등의 다양한 흉운입니다.

인연..

김희선님은 해묘미 인연이 좋고 그 다음 인오술
인연이 좋습니다. 한끼합쇼 탁재훈님은 일지
월지가 미토로 해묘미 삼합의 좋은 인연이고 천간에
을목까지 있는 최고 인연 이십니다. 아마도 두 분이
만나면 편하고 잘 맞으실 겁니다. 다음은 드라마 다음
생은 없으니까 한혜진님은 해수와 묘목을 가진
인연으로 아주 좋은 인연이고 진서연님은 인오술
인연으로 나쁘지는 않습니다. 다 인연이 있어서
연결되고 보이지 않는 기운으로 인연이 되는 것입니다.

정인	편인
丙	丁
午	巳
편인	정인

목의 용신

이 사주는 토 일간이
강력한 화의 인성 운으로
돈,명예,남자,자식을
다 가진 사주입니다.
허나 건강은 흉운이
반드시 옵니다.
정신적,육체적으로
다 찾아옵니다.
특별한 3자 개명이나 종교에
기운을 보충해야 무탈합니다.

무관 사주

김희선님은
삼주에 관이 없는 무관 사주
입니다.
당행히 일주 지장간에 갑목
정관이 있어서 결혼은
운좋게 인목 남자와 했습니다.

수극화

문제는 무관 사주는 수명운이
좋지 않습니다.
무관이 화가 강한 사주인데
일지가 해수인 경우에
수대운은 위험합니다.
혹 시주에 목이 오더라도
힘든 사주 구조입니다.
대운에서 일찍 목이 와야
하지만 그렇치 않으니
팔자이고 운명입니다.
인간의 팔자는 다 가질 수
없습니다.

He.서하진의 **한줄 에세이..**

옛 친구에게
(희를 위한 발라드)

비 오는 날 난 육교 위를 우산도 없이 걸었고
넌 신호등을 바라보며 우산에 가려진 얼굴로
나를 보았지

오늘도 그렇게 같은 우산의 다른 여자란걸 알았지
빗물이 이렇게 이 곳으로 날 데려오면
니 생각을 해

친구로 만난 교정에서 각자의 꿈을 향해 아무 말 없이 지냈고
마주친 얼굴엔 두근 거리는 심장으로 걷곤 했지
또 한번의 정거장 버스에서 같은 자리에서 지난 이야기들
넌 지금 어디에

흑석동 기숙사 발걸음은 설레는 옛 시간이 거꾸로 갈때 쯤
다시 만나곤 했지

난 널 위해 태양에게 기도해 · ·
너의 바램이 나였다면

신림동 지하철역 골목길에서 기다리는 내 모습은
밤의 도시 불빛처럼 너에게 빛나고 있었지
언제나 너를 빛나게

너의 바램이 나였다면 난 널 위해 태양에게 기도해
카이사르의 칼은 너를 지키는 나의 모습이야
나의 무적의 힘은 언제나 너를 위해

지난날 나의 어리석음은 내가 날 용서못해
큰 산에 베어지는 나무는 너를 위한 보금자리 라는걸
이해하길 바래

힘쎈 파도의 풍난이 몰아쳐도 난 바이킹이 되고
폭풍을 헤쳐 나가는 전사가 되어
너를 지킬거야

우주끝 사건의 지평선에서
블랙홀을 만나도 내 마음은
빨려 들어가지 않아
난 너를 지키는
생각하는 공간이야

He.서하진

He.서하진의
아트 칼럼 Book

생각하는 공간=우주1차원

시간은 없다
공간은 불규칙으로 생각한다.
사피엔스가 이해하는 개념의
공간은 우주 1차원과
차원이 다르다.

He.서하진

수학
물리학
두뇌
AI
진법
유기체
시간을 믿는 우주 돌연변이

신사임당 증후군

정 인

여자 사주에서 십성 정인은 모성애입니다.
이 정인이 2개 이상이면 자녀에 대한 집착이 강합니다.
정인 하나에 편인 하나도 비슷합니다.
이러한 어머니가 공동체 아파트이 10%가 있으면
전체적으로 집착적인 모성애가 전염됩니다.
경쟁 하듯이 육아와 자녀 교육에 과도한 몰입을
하게됩니다.

정 관

정관은 현실적인 명예입니다.
정관 여자는 자식을 훌륭하게 키우려는 맹자 엄마
입니다. 편관도 같다고 보시면 됩니다.
자식을 바르게 높은 자리에 오르도록 뒷바라지하는
인생입니다.
.

실제 신사임당 사주가 정인,편인에 정관,편관을
다 갖춘 사주로 천간과 지지가 수생목으로 생하는
여자 사주로 자식에 대한 집착이 타고난 팔자입니다.
무엇이든 지나치면 문제가 발생하고 흉이옵니다.
.

요즘 시대에 자녀의 사주를 모른체 획일적인 교육제도로
같은 방향으로 가는 물고기 떼처럼 주위의 모든
부모가 자녀에 대한 학구열을 불태우고 있습니다.
신사임당 증후군은 오늘날의 삐뚤어진 교육관에
희생양은 학생들이고 부모들 또한 소비적이고
맹목적인 삶을 허비하는 좀비 모성애이며 전염병같은
현상이 일어나고 있습니다.

He.서하진의 한줄 에세이..

He.서하진의
아트 칼럼 Book

CHAPTER

1경5번

산소값

산소값

산소값

지구에 산소가 사라지면 제주에 베테랑 해녀는
9분을 버티고 나머지 사람들은 3분도 못 버틴다

He.서하진

산소 외상값 갚고 죽어라.

294

 경금 겁재에
빼앗기다

신사임당 증후군
안젤리나 졸리

일간	비견	편재

정관	정관	편재

편인

편인

브래드 피트
계수가
자수를
뿌리를 둔
사주입니다.

안젤리나 졸리는 정관 병존의 강한 정관 여자입니다.
문제는 무인성에 무식상 사주입니다.
정관이 강한데 자식운이 없는 사주에 모성애가
삼주에 없습니다. 대운에서 인성과 식상의 토와 수가
흐르긴 하지만 결핍된 건 사실입니다.
2001년 첫 입양 해인 신사년을 보면 정관운에 입양을
한 것을 볼 수 있고 정관 남편운이 자식으로 작용한 것입니다.
1996년 첫 결혼을 보면 지장간에 경금이 신자진 삼합운인
경신 대운의 병자년에 자수 식신이 지장간 합으로
자식운이 작용 하였으며 이후 브래드 피트와 세자녀를
낳았고 브래드 피트 월지가 자수입니다.
신사 일주,신사 월주는 강한 사유축 삼합으로 축토의 인성이
작용하는 운으로 숨겨져서 결핍된 모성애의 작용입니다.
정관의 자녀에 대한 육아와 교육 욕심이 아주 강한 여자
사주는 맞습니다.
그리고 천간 신금 병존이 자기몸에 자해를 하는 운으로
지장간에 경금 겁재가 함께 작용하여 아주 강한 흉으로
작용한 것입니다.
안젤리나 졸리는 결과적으로
자식이 남편으로 작용하는 전형적인 사주입니다.

He.서하진의 한줄 에세이..

G.D

정관

 庚

 申 壬

정관

권지용님은 태어난 월이 간여지동 정관격 사주로
에의 바르고 FM적인 사람입니다.

월주 지장간에 임수 정인은 금생수하여
관인상생으로 직업 영역에서 성공하는
팔자입니다. 년주 지장간 계수 편인이 중첩됩니다.

권

지

용

홍염살

보조개살로
잘 웃는 얼굴로
애교를 말한다

을목

 巳

상관

 戊

 辰

권지용님은 일주가
을사일주로
멋쟁이 일주입니다.
을사 일주는 옷 잘 입는
일주입니다.

정재가 간여지동으로
일지 사화와 생하여
상관생재의 끼와
재능으로
가수 활동을 합니다.

금여록

황금 수레 끄는 사주로
재물복을 말한다

 子

37세 갑자 대운이 시작된
25년은 길한 때이며
자수는 사주 원국 지지의
신금,진토와 신자진 삼합
으로 작용하여 물바다
형국으로 흉운도 함께
옵니다.

결혼.. 결혼은 47세 을축 대운에
사유축에 축토 편재의
인연으로 자수 쥐띠나
유금 닭띠 여자와
인연이 있습니다.

양인살
백호살

강단이 있는 사주로
양인의 기질이 있다

서하진 지평선

공간의 중첩과 얽힘을 이끄는 것은 변화이다.
공간이 변화하는 것이지
내가 이동하는 것이 아니다.
공간은 숨김과 제한을 가지고 불랙홀의 사건의 지평선은 왜곡된 공간의
변화를 관찰하는 사피엔스의 뇌이다. 초끈과 양자는 사피엔스 뇌의 구성이지
우주의 공간에 대한 이해가 불가하다. 원인과 결과는 사피엔스 뇌의 작은 관찰자이다.
서하진 지평선은 존재의 부정이고 공간의 변화이다.
초 우주 과학은 사피엔스는 불가하다.

명장 이 순 신

나 이순신 큰 칼 차고

폭풍속 여기에 있소

He.서하진의
아트 칼럼 Book

나의 백성

왕은 죽었소
백성을 버린 왕은 죽었소
나의 백성은 울부짖고
한산 바다에서 나와 함께
싸우고 있소

내가 죽으면 조선을
구할 수 있고
나의 백성이
두 다리 뻗고 잘 수 있소

내 고향 아산이 보고 싶소
어머니의 옷자락이
나의 핏물을 닦아주고
있더이다

나의 함대는 바다를 가르고
달빛을 갈라 적진으로
내 몸을 던져
나의 백성을 구하겠소

나 이순신 큰 칼 차고 폭풍속
여기에 있소

He.서하진

서기 1545년
음력(윤달) 3월 18일 해시

정관	일간	비견	정재
丁	庚	庚	乙
亥	午	辰	巳
식신	정관	편인	편관

이순신 장군님은
진월에 경금 일간으로 경오
일주로 태어났습니다.
월간에 경금이 병존으로 온
경금의 강한 장군 팔자입니다.
년주 지장간에 경금이 천간에
투간된 구조로 강한 경금입니다.
경오일주 정관과 을사년생 사화
편관이 오면서 강한 관성의
대의적인 삶을 추구하는 팔자입니다.
월궁 진토는 편인의 측은지심으로
부하를 아끼는 덕장의 모습이 있습니다.
초년의 대운이 인성으로 흐르고
28세 정축대운 38세 병자 대운의
관성은 책임감이 강해지는 운의 흐름입니다.

서기 1598년 12월 16일

이순신 장군님은
48세 을해 대운에 지지 해수가
사주 원국에 월지 진토와
진해 귀문관살이 왔습니다.
천간에 강한 을경합으로
일간이 흔들리게 됩니다.
1598년은 무술년으로
지지 술토는 대운지지 해수와
정해시에 해수와 중첩으로
천라지망중 술해 천라가
강해지는 흉운이 왔습니다.
12월 자월은 사주 원국 월지
진토와 신자진 삼합의
물바다 흉운이 온 달입니다.

[사피엔스를 꿰뚫다]

지은이   서하진

펴낸곳   디자인을 그리다

주소   대전광역시 유성구 왕가봉로2번길 19-2 한마음타운 201호

E-MAIL   4920goo@naver.com

문의   010-4173-4920

등록   2025년 9월 2일 제 2025-000035호

초판발행   2025년 9월 26일

ISBN   ISBN : 979-11-994707-1-2 (03130)

디자인   조성환

이미지   Freepik 사용

정가   23,700원